Rick Powell

TRIUNFAR O MORIR EN EL INTENTO

Experiencias para alcanzar el éxito en sus propios términos

KEL Group.
Knowledge and Education for Life.

Bucaramanga

2013

PRIMERA EDICIÓN
Diciembre de 2013

Kel Group Ltda
Knowledge and Education for life
Cra 32 # 48-59
Tel: (577) 6470143
E-mail: info@kelcolombia.com
Página web: www.kelcolombia.com
www.ellibrototal.com
Bucaramanga - Colombia

ISBN: 978-958-708-728-4

Diseño de carátula:
Pedro Jesús Vargas

Impreso en Colombia

Nota del Editor:
La corrección de la edición ha sido responsabilidad del autor.

A mis padres, esposa e hija por su apoyo incondicional.

El autor:

El ingeniero Diego Fabián Parra Pabón, conocido por su seudónimo Rick Powell el cual utiliza para escritos, artículos y libros, ha cursado diferentes especialidades y estudios en universidades de todo el mundo incluyendo STANFORD UNIVERSITY (EU). Su amplia experiencia como líder, motivador, empresario, emprendedor, entusiasta, conferencista y gerente en diversas áreas como: emprendimiento, energías renovables, ingeniería, mercadeo, desarrollo personal y logística, entre otras, lo ha llevado a decenas de países en todo el mundo donde ha tenido la oportunidad de trabajar, aportar y crecer en todas estas áreas. Es autor de cientos de artículos y editor de su propia revista FUTURA - Tecnología renovable y sostenible. Tiene 32 años de edad.

CONTENIDO

INTRODUCCIÓN

Cada uno de nosotros ha sido formado y educado de forma diferente. Nuestra noción y definición de ÉXITO está determinada por nuestras vivencias, experiencias y ejemplos observados entre muchas otras cosas. No obstante frecuentemente este proceso toma lugar de manera inconsciente y no nos permitimos revisar las razones por las cuales creemos o queremos determinadas cosas sobre otras.

Este libro es una mezcla de conclusiones, aprendizajes y experiencias, en el cual, a medida que el lector avanza por sus páginas, podrá encontrar planteamientos sobre una forma de ver y vivir la vida de manera más feliz, sana y exitosa. Exploraremos el éxito de una manera integral, cubriendo no solo el ámbito material, sino aspectos que le permitirán lograr y mantener un sentimiento de realización personal y aprovechar su tiempo de vida de manera balanceada.

De todas las bendiciones que recibo diariamente, la que más aprecio de todas, es precisamente la posibilidad de utilizar mi tiempo con gran libertad. La planeación temprana de mis padres y mi trabajo propio me han llevado a alcanzar en pocos años, logros que muchos no completan en toda su vida y no me refiero únicamente al aspecto material, de hecho es mucho más que solo eso.

Los días se convierten en meses y luego en años, en ese imparable e inevitable proceso, veo cómo miles de personas dejan ir su vida sin hacer con ella lo que hubiesen querido. Nuestro tiempo de vida es limitado, sin embargo vivimos sin percatarnos de la importancia de cada instante, cada minuto que se va, no vuelve. El tiempo de cada uno de nosotros, es el bien más preciado que tenemos, pese a ello, aceptamos cambiar ese bien único e irremplazable por dinero, asumiendo en forma errada que este último, nos traerá bienestar y felicidad.

Lo más curioso de lo anterior, es que no necesariamente se trata de un proceso ciego; muchas personas son conscientes de este intercambio tiempo/dinero. De hecho, es parte de la economía existente de empleados. Entre más tiempo trabajan, más se les paga, por lo tanto podríamos creer que para estas personas solo existen dos opciones para mejorar su situación económica: ganar más por hora o trabajar más horas y "ojalá" puedan implementarlas ambas, manteniendo su dependencia eterna a este modelo.

Lo cierto es que las consecuencias que genera el paso del tiempo harán que en algún momento no podamos volver a trabajar como lo hicimos en la juventud. Lamentablemente por estar tan ocupados "sobreviviendo" cada día es fácil que nos olvidemos de planear y pensar en el futuro "lejano" de 10, 20 o 50 años, a partir de ahora.

Con las ideas y experiencias propuestas en este documento, podrá buscar formas de salir de ese círculo sin fin, encaminándose hacia sus sueños, pero al mismo tiempo atreviéndose a cuestionarlos. Sus sueños pueden no ser adecuados para usted, pero aventurándose a buscarlos, tendrá más posibilidades de avanzar hacia su felicidad que manteniéndose estático y sin actuar.

El éxito, los triunfos y las metas son diferentes para cada uno de nosotros y en cada etapa de nuestra vida van cambiando y evolucionando con nosotros, de tal forma que lo que nos motiva hoy en día, tal vez no lo haga en el futuro. Quizás con el tiempo, resulte inclusive difícil siquiera recordar por qué era tan importante para nosotros esa motivación en determinado momento.

Para algunos, se trata de ser feliz; para otros, de ser ricos; para unos terceros, el sentido del éxito está en el reconocimiento público; para otras personas viajar, llena su vida; en otros casos es cocinar o quizás hacer reír, inclusive hay quienes quisieran todas las anteriores y por supuesto muchas otras variaciones más.

En este libro ofrezco una aproximación diferente, en la cual el lector tendrá la oportunidad de viajar conmigo a través de sus propios pensamientos y solucionar de manera personal sus interrogantes, enfrentando sus prejuicios y atreviéndose a vivir una vida de calidad. No pretendo imponer una forma de ver la vida, solo realizar algunas propuestas que podrían ayudarle.

Al mismo tiempo, los métodos o fórmulas para el éxito no son universales, porque el éxito en sí mismo no es universal, no es el mismo para todos y tampoco todos los humanos gozamos de igualdad de capacidades y deseos. Sí existen modelos económicos y matemáticos capaces de hacer rico a quien los aplique, pero dado que el éxito comprende otros aspectos más allá del material, es atrevido y quizás incorrecto, tratar de unificar a toda la humanidad hacia un modelo de éxito homogéneo y único. Por lo tanto, las respuestas y soluciones que le han funcionado al autor, pueden no aplicar en su caso. Como notará con el paso de los capítulos, se pretende llevar al lector por un camino de introspección, en búsqueda de sus soluciones personales, haciendo un proceso del cual pueda salir inspirado, fortalecido, lleno de ideas, incitando la acción personal y por qué no, con herramientas para triunfar en la vida.

Siendo un lector ávido, he tenido la oportunidad de leer gran número de textos de motivación y desarrollo personal y he visto cómo muchas de esas personas que leen esos libros que prometen encontrar los "secretos" o "claves" del éxito y la felicidad, continúan sin lograr avanzar en la vida. Este no es un texto motivacional, es un texto para ayudarle a ACTUAR, así que encontrará algunas frases y ejemplos que podrá considerar fuertes, pero que en mi concepto son necesarios para "sacudir" su interior y hacerlo moverse de su estado de *confort* actual y encaminarlo hacia sus metas. Durante el proceso de lectura, a veces se motivará y a veces ocurrirá lo contrario, pero así es la vida, con grises y claros, por lo tanto si pretende alcanzar el éxito deberá continuar hasta ver resultados.

Al observar nuestras vidas, en algún momento, nos hemos cuestionado sobre la razón de la misma… ¿realmente tiene sentido trabajar día a día?, ¿cuál es mi propósito?, ¿cómo alcanzo mis sueños?, ¿quién dice que debemos o no hacer algo?, ¿es nuestro jefe, quizás nuestra esposa o esposo, o será Dios mismo quien hace que nuestra vida sea de una forma y no de otra?… En este texto se permitirá explorar su propio camino y encontrar sus propias respuestas. A medida que avanza por el libro encontrará propuestas sobre la relación de tiempo, dinero, esfuerzo, diversión, felicidad y trabajo, planteando ideas que le permitirán encontrar formas de balancear su vida.

No importa si ya se siente exitoso o si piensa que su camino apenas comienza. Es irrelevante si siente que aún no ha logrado el éxito, si está buscando una segunda oportunidad o si solo desea maximizar su sentido de triunfo, este libro le ayudará.

Lo invito a considerar una propuesta de vida audaz, no desde el punto de vista psicológico, ni antropológico, sino desde una visión pragmática, desarrollada con la combinación de educación multidisciplinaria, experiencias empresariales y personales, así como el contacto con diferentes culturas de todo el mundo. Aprenda a conocerse y mejorar su propio YO, para tener éxito, triunfar, disfrutar la vida y no morir en el intento. Con dedicación y un poco de suerte, el contenido de estas páginas enriquecerá su vida.

PRÓLOGO

Por: Doctor Jaime Luis Gutiérrez

Este es un libro nacido del corazón, más que del intelecto, de un ingeniero joven, Diego Fabián Parra Pabón, que en su corta vida pero en su ya dilatada experiencia académica, personal y laboral, no sólo en Colombia sino en varios países del mundo, ha acumulado múltiples vivencias que generosamente quiere compartir con sus lectores, con la esperanza de que, comprendiendo sus conceptos y sus criterios de vida puedan convertirse, como él lo ha sido, en exitosos emprendedores empresariales y también, lo más importante, en positivos, alegres y felices seres humanos, de esos que pasan por la vida dejando huella en quienes han tenido la suerte de conocerlos o de trabajar a su lado.

La sola lectura de los interesantes títulos de los ocho capítulos que integran la obra nos da de entrada una visión panorámica de los importantes y valiosos temas que cubre cada uno de ellos, pero su lectura detenida, no solo nos informa con suficiencia sobre la importancia de los tópicos tratados, sino que nos lleva a reflexionar sobre la trascendencia de cada uno de ellos de nuestra vida y, lo que es más importante, nos invita a convertir en exitosa realidad los conceptos teóricos, sociales, psicológicos y empresariales que, sumados uno a uno, nos van a permitir convertirnos en unos "exitosos triunfadores" y nos van a evitar la dolorosa y triste experiencia de "morir en el intento".

Quienes ya peinamos canas y además escasas, solemos pensar que una persona con sólo 32 años de edad, en el mundo de hoy, aún está en proceso de formación. Muy posiblemente algunos de quienes me leen me dirán que el maestro Jesús empezó su exitosa vida pública a los 30 años, pero yo les respondería diciendo que eran otros tiempos y que, además, los astrónomos que asesoraron al Papa Gregorio al fijar su Calendario se equivocaron en 7 años, pues en realidad Jesús nació en el año 7 a. C., 3 años antes de la persecución de los niños por Herodes I, apodado el Grande, quien, como bien sabemos murió en el año 4 a. C.

La lectura de este libro, además de ser una valiosa experiencia y una positiva motivación, nos confirma una vez más que "lo importante no es la edad del cuerpo, sino la sabiduría, la generosidad y las experiencias del alma".

Amable lector: ¡Ojalá disfrute tanto su lectura como la he disfrutado yo y encuentre en sus páginas tantas enseñanzas y experiencias como las que he encontrado y espero utilizar cuando asesore a jóvenes empresarios de ahora en adelante!

CAPÍTULO 1

Éxito y triunfo

Desde temprana edad he admirado a un grupo especial de personas, quienes se caracterizan por haber alcanzado logros sobresalientes, entre ellos, hombres y mujeres de negocios, científicos, emprendedores, deportistas, artistas, escritores, actores y cantantes entre otros. Muchos son considerados modelos a seguir por la sociedad.

No ha sido solo curiosidad, sino un deseo personal de encontrar y replicar modelos exitosos de vida. Ese proceso de observación, aprendizaje e implementación me ha llevado por distintos caminos, probando teorías con resultados diversos en diferentes áreas.

De igual forma, me resultaba difícil entender cómo algunas de esas personas "exitosas", quienes han "triunfado", no fueran completamente felices. Llegar a comprender por qué algunos de ellos pudieran incluso perder el sentido de la vida, al punto de caer en depresión hasta contemplar el suicidio, me llevó a considerar una aproximación diferente hacia el concepto de éxito. ¿Cómo es posible tenerlo "TODO" pero sentir como si no fuese así? Esta nueva aproximación se ve reforzada por la confirmación de otras personas, aparentemente menos "afortunadas", quienes pueden vivir muy felices, disfrutando la vida, incluso más allá de sus pares supuestamente más exitosos.

He intentado encontrar la relación entre éxito y felicidad, buscando vincular ese proceso con la realización de los sueños personales de cada quien, pues al final, al menos teóricamente estos tres aspectos deberían ir de la mano. Cumplir nuestros sueños, debería hacernos sentir exitosos y felices, aunque diversos casos se han encargado de demostrar que no siempre es así, al menos con la definición universal de éxito, la cual continuaremos trabajando en este capítulo.

Por supuesto muchas personas exitosas bajo los estándares de la sociedad, son extremadamente felices y se sienten exitosos bajo su propio estándar. Pero si la norma fuese únicamente lograr una fortuna, tener reconocimiento social, acumular bienes materiales o viajar, TODOS ellos deberían ser felices, ¿Por qué algunos incumplen esa norma?

Podemos apreciar a las personas "comunes", quienes aparentemente no son sobresalientes. La persona que asea y mantiene limpia la ciudad, el trabajador de escritorio en una oficina, un conductor de taxi, un ingeniero, en fin… la gran mayoría de la población que vive o en algunos casos sobrevive sin llegar a formar parte de la crema y nata de la élite social, también tiene diferentes niveles de felicidad y de éxito.

El éxito y la felicidad están relacionados. Por lo tanto la definición de éxito que escojamos puede hacernos o no felices, por lo cual es importante indagar un poco más en dicha definición. Si solo los sobresalientes pueden ser considerados exitosos, ¿qué pasaría con el otro 99% de la población que vive su vida lo mejor que puede, sin que la sociedad necesariamente reconozca su esfuerzo?

Al mismo tiempo, la persona que tiene una situación económica ajustada no necesariamente es infeliz, así como no todos los millonarios son felices. De esta forma toma validez la pregunta: ¿cómo puede una madre soltera que saca adelante a sus dos hijos con gran esfuerzo y quien no recibe ningún reconocimiento por ello, sentirse más exitosa que un ejecutivo de una gran empresa que gana centenas de veces más que ella?

Entonces, ¿qué es el éxito?, es una pregunta peligrosamente universal, tal vez sería más apropiado preguntar ¿qué es el éxito para usted?, la respuesta puede llevarlo por diferentes caminos: material, espiritual, familiar, sentimental…

El éxito es mejor interpretarlo como un sentimiento personal, que puede estar respaldado o no por la sociedad. Podría decirse que existe un concepto de éxito socialmente aceptado, que se apega a los bienes materiales: gran riqueza, gran educación, gran casa y carro de gama alta, son sinónimos de éxito y si adicionalmente se le suma reconocimiento social y visibilidad en medios de comunicación, el nivel de éxito percibido socialmente sube aún más.

Esta definición tiene dos grandes limitaciones: el éxito no estaría al alcance de todos y segundo dejaría de un lado la felicidad y deseos individuales. ¿Cómo podría por ejemplo, una persona tímida alcanzar el éxito bajo ese estándar?, esa persona sería tremendamente infeliz si tuviese que vivir entre medios sociales, reuniones y fiestas. Sería exitosa para la sociedad pero no lo sería para sí misma.

Su éxito no necesariamente debe coincidir con la definición socialmente aceptada de éxito. Su sueño puede estar alejado de lo que socialmente está bien visto. Si no se acepta esta posibilidad, podemos pretender moldear nuestro sentido de éxito hacia lo que es socialmente aceptado, lo cual puede afectarnos negativamente, pues puede no coincidir con nuestros valores personales. Para alguien crecido en medio de la naturaleza, lejos de las ciudades, su sentido de éxito puede no tener nada que ver con la acumulación de bienes materiales que se ha establecido socialmente, esa persona puede sentirse completamente exitosa y feliz en una granja ordeñando el ganado cada mañana.

Existen personas cuyo concepto personal de éxito coincide con el de la sociedad. Pero ahora considere por un momento a una persona que viene de una familia de escasos recursos, donde ninguno ha estudiado y logra ser el primero de su familia en toda la historia en ir a la universidad y obtener un trabajo bien remunerado para apoyar a sus padres, quienes ahora viven mejor gracias a su esfuerzo. Esa persona puede sentirse inmensamente exitosa, ¿quién se atrevería a diferir con él?

Usted tiene una idea de lo que se requiere para sentirse más exitoso, aún si no es completamente consciente de esa visión, ella vive dentro de usted y actúa en su vida constantemente. Esa imagen personal del éxito no es buena ni mala, solamente ES. Pero debemos ser conscientes que el éxito es una idea dinámica, que evoluciona a medida que aprendemos nuevas cosas, maduramos y avanza el tiempo. La idea del éxito no es estática, también se moldea, adapta, cambia o desaparece para ser reemplazada por otra nueva.

En este momento lo invito a dejar fluir su imaginación, preguntándose: ¿cómo sería la versión mejorada de usted mismo?, ¿cómo sería usted más exitoso?, ¿cómo se ve usted siendo exitoso? La diferencia que hay entre lo que usted quiere ser y lo que es actualmente o al menos como se percibe a usted mismo en este momento, es el camino a recorrer y por ende su motivación interior, la cual lo llevó a leer este libro en primer lugar.

En este momento, permítase visualizar esa imagen de su YO exitoso, para ello le propongo un ejercicio de visualización, en el cual intentará proyectar en su mente cuál es su sueño de éxito. Allí encontrará su definición actual de éxito y probablemente se dará cuenta de lo que verdaderamente sueña y añora.

Tómese este ejercicio con calma, solamente cierre los ojos y deje fluir su imaginación…Usted está visualizando su destino, un futuro, una imagen de su sueño, trate de ver los detalles, qué hace en su día soñado, cómo vive su vida, con quién comparte, cómo se siente.

Durante este proceso es posible se dé cuenta que le cuesta visualizar los detalles de su YO más exitoso. También es posible que no tenga una imagen a la cual aspirar, que usted quiera estar mejor, pero no sabe cómo lograrlo ni a qué aspirar, lo cual lo lleva inevitablemente a preguntarse: ¿Qué es lo que realmente quiero? ¿Cuál sería mi verdadero éxito? ¿Qué me haría más feliz?, y muchas otras preguntas sobre su vida. No se preocupe, poco a poco usted mismo irá encontrando sus propias respuestas a estas y a muchas otras preguntas personales.

El éxito debe ser un estado de ánimo y un sentimiento duradero, soportado por un concepto completamente personal. La clave en la frase anterior es la sostenibilidad en el tiempo de ese sentimiento de éxito, pues este aspecto afecta notablemente cómo vemos el éxito. Si creemos que ser exitoso es tener un auto muy especial, último modelo, a medida que pasa el tiempo y el vehículo inevitablemente se deteriora, o por cualquier otro motivo ya no podemos tenerlo, podríamos sentirnos menos exitosos, pues dependemos de un objeto material perecedero para sentirnos exitosos, pero si depositamos el sentimiento de éxito en nuestro progreso personal, aunque el auto se deteriora, sabremos que somos más exitosos que antes, pues nuestro interior se ha desarrollado y nos sentimos mejores seres humanos. Esto último no necesariamente está ligado al aspecto material y perecedero de las cosas.

Cuando visualizamos el éxito, a veces lo hacemos asociado a momentos fugaces y no necesariamente a estados permanentes en nuestra vida. Usted puede imaginar un momento de gran intensidad pasajero, como la recepción de un premio, ascenso o nombramiento, claramente se trata de un punto de inflexión que marca una nueva etapa en su vida. Pero solo podemos sentirnos verdaderamente exitosos y felices, si somos capaces de apreciar el camino recorrido para llegar a ese instante, al mismo tiempo que valoramos ese nuevo estado de nuestra vida y sus implicaciones hacia el futuro.

Muchas veces hemos leído y escuchado como definición de éxito: "trabaje y haga con su vida algo que lo haga feliz y busque que le paguen por ello" y sin duda quienes logran esta utopía se sentirán exitosos y felices. Suena hermoso por sí mismo. Sin embargo la vida, como el clima, viene con días soleados y días nubosos, trabajos soleados y trabajos nubosos, en mi experiencia, el verdadero reto está en ser capaz de agradecer y aceptar que los días nubosos o lluviosos forman parte del paisaje y traen más cosas buenas que malas, "simplemente" se trata de ser capaz de verlo y vivir bien con ello.

Si no somos capaces de entender y apreciar el paisaje con claros y oscuros, estaremos atrapados en un mundo imaginario que no se apega a la realidad y la visualización puede jugar en nuestra contra, pues en vez de ver la vida como un proceso y un camino, nos concentraremos únicamente en la imagen META y por ende en la diferencia que hay entre lo que somos hoy y lo que queremos ser, sin aceptar los baches y dificultades del camino como el proceso normal y natural, lo cual en muchos casos resulta en sentimientos de derrota y autocompasión.

Llegaríamos a pensar que nuestra situación actual, sin importar cuan buena sea, es inferior (al menos en nuestra mente) a nuestro sueño o ideal y esto es algo que no debemos permitirnos, pues estaríamos concentrándonos en lo que no tenemos y demeritando lo que hemos logrado hasta el momento. Con esto en mente, debemos intentar vivir la vida y disfrutar del proceso que nos lleva hacia ese éxito, cosa que a veces pareciera más fácil de decir que de hacer.

Su posición actual, fuere cual fuere es mejor a la de miles y quizás millones de personas en el mundo. Por lo tanto es sano valorar lo que se tiene hoy. Mirar a otros y compararse con ellos solo tiene sentido si lo ayuda a motivarse y mantenerse enfocado, al mismo tiempo, también debe mantenerlo humilde. Recuerde, siempre hay personas más grandes y más pequeñas. Usted no quiere creerse más, ni menos que alguien, eso es irrelevante e inútil, y muy probablemente dificultará su proceso hacia el éxito.

Se ha dicho que las comparaciones son negativas, pero la comparación, al menos en nuestra mente, puede ser utilizada y servirnos de herramienta motivacional, ayudándonos a encontrar una persona o grupo de personas que nos sirvan como referencia exitosa. La comparación nos ayuda a ver cómo viven y deciden otras personas, cuáles son las características de su vida, quiénes tienen mayores dificultades que nosotros y quiénes viven más cómodamente y cómo podemos encaminar nuestras acciones hacia donde queremos estar.

Vivimos en una sociedad atiborrada de personas. A donde vayamos es prácticamente imposible no encontrar otros seres humanos. No obstante nuestro desarrollo personal, es precisamente una responsabilidad individual y por lo tanto debemos apersonarnos de él. Tristemente, es común observar el enfoque de quienes no han asumido esa responsabilidad y se sienten víctimas de las circunstancias, algunas de su frases célebres son: "Si tan solo fuera: millonario, más delgado, tuviera más salud, fuera más atractivo…", mientras otros depositan la responsabilidad en personas o aspectos exteriores fuera de su control tratando de culparlos: "si no hubiera nacido acá, si este país no fuese así, si el gobierno me ayudara, si tuviera más educación, si la gente rica me diera dinero, si tan solo tuviera más suerte, si….". ¿Realmente todas estas excusas son la razón por la cual no es hoy la persona que quiere ser? En el fondo, usted y yo sabemos la respuesta.

Cada uno de nosotros es el resultado de la suma de las decisiones del pasado, unas con repercusiones importantes y otras más pequeñas, pero todas importantes. Si está leyendo esto mentalmente, para el siguiente ejercicio no tendrá que justificarse ni excusarse con nadie, así que le propongo: tomarse un par de minutos para hacer el repaso de su vida, del proceso que ha seguido en su estudio, trabajo, familia, estado físico, entre otros, buscando detectar todas las decisiones que USTED ha tomado para estar hoy acá. Dónde y con quién vive, cómo se gana la vida, cómo ejecuta su trabajo, qué medios de transporte usa, cuál es su estado de salud, cuáles son sus ingresos económicos, y mucho más. Tal vez lo más difícil de ver sea lo que ha decidido NO hacer, decisiones que en muchos casos sin darse cuenta lo han llevado a definir un rumbo claro.

¿Ya lo hizo?

Dese la oportunidad de hacer esta corta pausa para hacer el ejercicio antes de continuar.

Muy bien…

En nuestra vida tenemos más control del que jamás pensamos. Asumir responsabilidad sobre los actos será fundamental para que pueda sacar el mayor provecho de este contenido, permítame enfatizar con un ejemplo. Supongamos que en un determinando país, el hurto de celulares se ha vuelto común, un día una joven universitaria sale de clase y se dirige a pie hacia la estación de bus hablando felizmente con su novio por su teléfono celular. A los pocos minutos de caminar hacia su destino, siente un fuerte tironazo de su brazo y observa como un hombre se ha llevado su teléfono y corre rápidamente hacia un callejón. La joven perpleja por lo sucedido tiembla y no logra decir una palabra. La primera impresión del lector, podría ser sentir compasión por la joven e ira hacia el ladrón, pero debe darse cuenta de la realidad, en este momento la protagonista de nuestra historia tiene dos opciones, ser víctima o ser responsable de sus actos.

Si decide ser víctima, dirá cosas como: "si no fuera mujer no me pasarían estas cosas…", "este país está muy mal…", "qué inseguro que es este barrio…", etc. Por el contrario si se hace responsable de sus actos, se dará cuenta que ella sabía que eso podía pasar y sin embargo así escogió esa ruta, también notará que fue ella quien decidió contestar la llamada de su novio e ir distraída mientras caminaba, fue ella quien decidió ir sola, fue ella quien decidió ir en bus y no en otro medio de transporte. Si hace un análisis más profundo fue ella quien decidió estudiar en la universidad, más aún en esa universidad, en esa ciudad, en ese país, etc… ELLA fue quien tomó todas esas decisiones y gracias a esas decisiones perdió su celular ese día. Pudo haber tomado otras decisiones diferentes, pero ya no sirve de nada, solamente es válido este análisis retrospectivo para asumir responsabilidad sobre sus propios actos.

Ser responsable de todo lo que pasa en su vida puede parecer duro al principio, casi puedo oír todas sus frases de reclamo sobre el ejemplo anterior en su mente… "pero fue el ladrón quien la robo…", "pero es que el gobierno y la policía sabían de esta situación y no hacen nada….", etc. Todos esos pensamientos no son más que su propio "yo" victimizado, quien se niega a aceptar que tenemos gran control sobre nuestras vidas y sobre lo que nos pasa.

Lo invito a aprovechar esta oportunidad para mirar su interior y darse cuenta que su situación actual es consecuencia de todas las decisiones que ha tomado hasta el momento y no puede culpar o responsabilizar a otro, más que a usted mismo.

Debe darse crédito por todo lo que ha logrado hasta hoy y por todo el bienestar que ha alcanzado y disfruta hoy. No tiene sentido enfocarse en que pudo ser, ni en lo que no tiene, tampoco en las decisiones que tomó en el pasado y pudieron ser diferentes. En el mundo hay gran cantidad de personas en inferioridad de condiciones a usted, use esa imagen para mantenerse enfocado y motivado, luego mire a quienes están donde usted quiere estar y trate de sentir, como se sentirá usted cuando logre ese éxito, esta visualización es una herramienta que comenzaremos a usar cada vez más.

Mirar hacia atrás y preguntarse cómo hubieran sido las cosas si hubiera actuado de una forma diferente en determinada situación y tratar de convencerse que estaría mejor si hubiese hecho algo diferente, puede resultar una dolorosa tortura autoinfringida que no se apega a la realidad y no nos aporta nada de valor. El pasado ya no tiene arreglo ni cambio, es hora de enfocarse en el futuro venidero.

Su posición actual en todos los aspectos de su vida, es el resultado de todas las decisiones tomadas en el pasado y su futuro se definirá por las decisiones tomadas hoy. Por ello resulta valioso revisar cómo tomamos decisiones o al menos, cómo lo hemos hecho hasta el momento.

El proceso de toma de decisiones no es necesariamente igual en todos los aspectos de nuestra vida. Quien pueda parecer osado en decisiones de negocios, puede ser tímido en sus decisiones sentimentales o quizás lo opuesto. Más importante que la decisión que se ha tomado, es el proceso que usamos para decidir. Todos lo tenemos, pero no todos somos conscientes de cómo decidimos hacer o no determinada cosa.

Observar la forma en que tomamos decisiones nos lleva a acercarnos a algo que hace parte de nuestra vida diaria y sin lo cual no seríamos lo que somos: El miedo. Nadie quiere sentir miedo (bueno casi nadie) y mucho menos reconocer que lo siente o lo ha sentido, pero en cada decisión el miedo es determinante, es un sentimiento poderoso, más fuerte que la razón, más fuerte que la voluntad, el miedo decide por nosotros, aún si no nos damos cuenta.

El miedo está presente en cada análisis realizado para tomar cada decisión, pequeña o grande, para cambiar algo en nuestra vida. En menor o mayor proporción dependiendo que tan familiarizados estemos con el campo o área en la que estamos decidiendo, pero siempre es una variable, tal vez la más importante.

En mis estudios de teoría administrativa y financiera siempre me sorprendió que en todos esos análisis no se tuviera en cuenta el miedo. Uno puede tener todos los cuadros, datos y análisis favorables para realizar un negocio, pero el instinto, la inseguridad y el miedo pueden evitar que se haga y de hecho pasa más veces de las que queremos reconocer.

El manejo del miedo es tan importante que he decidido dedicarle un capítulo más adelante para profundizar en él. El miedo nos aleja o nos acerca a nuestro éxito por lo tanto podemos aprender a usarlo a nuestro favor. Curiosamente no solo sentimos miedo a fracasar, también sentimos miedo a triunfar, pero nunca podemos permitir que el miedo a triunfar sea más fuerte que el miedo a perder.

Resulta casi increíble que podamos sentir temor de alcanzar nuestros sueños, de ser grandes e importantes si fuese el caso o de ser el más rápido, o quizás de conseguir el puesto que añoramos, o comprar la casa que queremos, sobre todo si es algo que nunca hemos hecho o tenido. Preguntas como: si soy tan exitoso como quiero, ¿todos querrán aprovecharse de mí?, si logro el trabajo soñado, ¿los demás me tendrán envidia y me odiaran?, si soy el mejor en lo que hago, ¿mis compañeros se alejaran?, entre otras, son algunas de las posibles inquietudes que podrían pasar por nuestra mente. Es simple naturaleza humana, nuestro cuerpo y mente ya conocen el estado actual de las cosas y puede que racionalmente seamos capaces de ver el nuevo modelo y ver todas las cosas buenas que tendría. Sin embargo nuestros sentimientos hacen que ese lugar desconocido pueda ser peligroso o al menos diferente y se siente a salvo en la situación actual, así sea inferior a la que tendría en el otro escenario. Ese temor al cambio que nos sirvió para sobrevivir en los tiempos primitivos y aún hoy en día en algunos casos nos protege, puede jugar en contra nuestra cuando queremos avanzar hacia mejores terrenos.

Usted estará de acuerdo conmigo en que hay pocas cosas realmente seguras en la vida, siempre hay algo de incertidumbre y por lo tanto en cada análisis, entra en juego un aspecto importante aparentemente externo: La suerte. Es evidente que existen personas con más suerte que otras, ¿cierto? Casi todas las personas exitosas aceptan que la suerte tuvo algo que ver con su éxito, pues a pesar de haber hecho su tarea para tomar las decisiones con la mejor información disponible, siempre hay algo de azar y ahí es donde entra en juego la suerte.

Sin embargo, **nuestra** suerte también es **nuestra** responsabilidad y en gran parte igualmente está bajo **nuestro** control. **Nuestros** actos diarios enfocados hacia **nuestros** objetivos nos hacen personas con más suerte, en la medida que trabajamos hacia **nuestro** sueño, las cosas comienzan a darse, casi mágicamente, solo cuando estamos trabajando hacia **nuestra** meta, todo se une a nuestro favor.

Por lo tanto también tenemos poder de influir sobre nuestra suerte. Hace poco conocí el caso es una señora que ha ganado premios de toda índole, viajes por el mundo, grandes mercados, electrodomésticos para su hogar; sin duda es una persona con suerte. A pesar de esto, al entrevistarla, ella confesó que todos los días dedicaba un tiempo prudencial, a veces algunas horas, para navegar en la red e inscribirse en todo tipo de concursos, rifas y encuestas, donde se ofrecieran premios, TODOS LOS DÍAS, incrementando exponencialmente sus posibilidades de ganar algunos de estos premios. Sin duda, ella también se considera una persona con suerte, pero al mismo tiempo atrae su suerte TODOS LOS DÍAS, con trabajo firme, el cual la coloca estadísticamente más cerca de ganarse los premios en los cuales participa. ¿Cuántos premios habría ganado si NUNCA se hubiese inscrito en ninguno de esos concursos y rifas?, probablemente ninguno, por lo tanto ella hace cada día su propia suerte.

Lo mismo ocurre en el ámbito de los negocios. Al analizar una inversión, también debemos tomar responsabilidad de nuestra suerte, recopilando información, haciendo análisis, compartiendo con otros y consultando a personas conocedoras del tema, así aún es posible que algo salga mal, pero tenemos mejores posibilidades de tener "SUERTE" en ese negocio si hemos hecho nuestra tarea a conciencia.

Permítame contarle una historia sobre la responsabilidad y la suerte. Cuando era un adolescente, al poco tiempo de aprender a manejar obtuve mi licencia de conducción, por supuesto el único vehículo que manejaba era el de mis padres, sin embargo, algo parecía estar mal; en los primeros 10 meses había tenido 5 accidentes o choques. El primero de ellos fue claramente mi culpa, en una vía rápida el vehículo de enfrente hizo una maniobra para evitar un obstáculo, frené tarde y lo impacté por detrás, en otro golpee un carrito de perros calientes móvil (no pregunte cómo...), pero los otros tres NO. En uno de ellos un conductor me golpeó por detrás, sin culpa mía aparente, en el siguiente yo estaba parqueado cuando un conductor aprendiz envistió mi vehículo por el lado y en el último, golpearon el carro por detrás mientras esperaba el cambio de un semáforo.

Mala suerte, pensaba yo en ese momento, pero había algo más. Llegó la noche del último choque, cuando debía hacer frente a mis padres y contar lo ocurrido. Después de terminar mi relato mi padre, estaba furioso, no por los daños del vehículo, sino por mi "falta de responsabilidad", yo rápidamente me defendí diciendo que no había tenido la culpa, que me encontraba parqueado, quieto cuando el otro vehículo me golpeó. Él insistió que se trataba de mi responsabilidad y finalmente dijo algo que cerró la discusión y cambió mi vida para siempre: "hijo, solo cuando usted entienda que todo lo que le pasa en la vida es culpa y responsabilidad suya, dejarán de pasarle cosas malas".

Quince años después de esa noche, no había tenido ningún otro choque ni accidente automovilístico, hasta hace un par de meses cuando un conductor golpeó mi vehículo por detrás, nuevamente mientras yo estaba haciendo una parada reglamentaria en una intersección. El otro conductor asumió voluntariamente su responsabilidad y cubrió con los gastos del arreglo de los dos vehículos, pero no por eso puedo mentirme, yo **escogí** manejar mi carro esa tarde, yo **escogí** esa ruta ese día, yo **escogí** hacer el pare, yo **escogí** todo lo que me llevó a ese momento... simplemente yo tomé todas las decisiones que me llevaron a ese lugar en ese momento, la vida tiene formas interesantes de recordar las lecciones aprendidas.

El éxito no es suerte, pero la suerte forma parte del éxito, muchas veces escucho la frase popular "unos nacieron con estrella y otros estrellados", pero la verdad es que TODOS nacimos con estrella, con dones, capacidades y bendiciones, pero NO TODOS tenemos la misma estrella, es nuestro trabajo aprender a conocernos y desarrollar nuestras habilidades para aprovechar esos dones.

Realmente no hace ninguna diferencia si su sueño es bajar 15 Kg de peso o tener un Ferrari, usted deberá tomar decisiones, acciones y modificar algunos hábitos para lograr en un futuro lo que no ha logrado hasta hoy, el verdadero reto no es el Ferrari, el reto es ser capaz de vivir mejor para lograr lo que quiere.

Casi puedo sentir su temor e inseguridad al enfrentarse a una situación la cual demanda cambio. El cambio requiere esfuerzo, no solo para lograrlo sino para mantenerlo. Pero es indispensable para lograr el éxito. Quizás usted no quiere sacrificar comodidades, cosas o comidas para bajar de peso, tal vez no quiere ahorrar o invertir cada semana un determinado monto de dinero para en unos años poder poseer algo de sus sueños, pero deberá aprender nuevas cosas y cambiar rutinas actuales para mejorar su vida, necesitara esfuerzo, después de todo, la vida es dura…¿cierto?

Como yo lo veo, la vida es lo que cada uno de nosotros quiere que sea, puedo decir que es dura y así será, o puedo decir que es hermosa y así lo será. No se trata de cerrar los ojos y pretender que nada de lo malo que pasa está ocurriendo, se trata de ser capaz de ver todas las bondades, dones y bendiciones que estoy recibiendo en medio de cualquier situación vivida. Si su meta es mejorar su salud, cambiar algunos hábitos de alimentación y ejercicio lo ayudarán, eso no es ningún secreto, pero hacerlo requiere persistencia y dedicación, su trabajo es encontrar su modelo personal para tener éxito en esa iniciativa, buscando ayuda cuando la requiera; no tiene que ser una mala experiencia, puede ser un nuevo aprendizaje inspirador y exigente al mismo tiempo.

Si realmente quiere tener éxito debe aprender a sentirse cómodo con el cambio, no tienen que haber sacrificios, solamente esfuerzos para ser mejor y estar mejor. Existen innumerables ejemplos de éxito en todos los ámbitos, de personas de todas las edades, desde jóvenes adolescentes hasta personas de la tercera edad, quienes implementaron cambios en su vida, transformando su interior de una manera única para lograr sentirse exitosas y felices.

Unos párrafos atrás cuando visualizamos nuestro sueño dijimos que ninguno era bueno o malo, ahora es momento de entrar en más detalle al respecto. Los sueños con los cuales creemos nos sentiremos exitosos, normalmente implican algún tipo de bienestar personal. Sin embargo, no todos pueden brindar ese bienestar de la misma manera, todos ellos tienen limitaciones en la calidad, cantidad y durabilidad del bienestar que pueden aportar. Normalmente, tendemos a maximizar en nuestra mente lo bien que nos sentiríamos y lo felices que seríamos si lográramos eso que añoramos, pero esa idea no necesariamente puede coincidir con la realidad.

Al mismo tiempo creemos que alcanzar nuestro sueño nos hará felices por el resto de nuestros días, lo cual tampoco es cierto para todos los casos. Los seres humanos como especie evolutiva, contamos con algo que se ha denominado el principio de adaptación hedónica, el cual ayuda nuestra supervivencia. Cuando nuestro entorno cambia, somos capaces de adaptarnos a él de manera más o menos rápida, controlando la sensación de bienestar mediante la generación de sustancias químicas que causan placer cuando obtenemos beneficios.

Si vivimos en una pradera y llega el invierno o hay cambios climáticos y el clima se transforma de temperaturas frescas a nevadas constantes bajo cero grados, rápidamente debemos adaptar nuestra forma de vivir, vestir, comer, etc., de lo contrario, moriríamos en cuestión de días, inclusive horas.

Este mecanismo de supervivencia primitivo funciona siempre que hay situaciones de cambio tanto positivas como negativas en nuestro entorno. Si por ejemplo vivimos en una hermosa casa y lo perdemos todo por un desastre natural o cualquier otra razón y ahora vivimos en unas cajas de cartón, al principio nos sentiremos tristes, pero con el paso del tiempo mientras la situación persista, esos sentimientos desaparecerán o se disminuirán pues esa nueva situación se convierte en nuestra nueva realidad y seremos capaces de sobrevivir en ella.

De igual forma, esto funciona también hacia las mejoras. Si vivíamos en la pobreza y ahora tenemos dinero y podemos comprar una casa grande, ese cambio nos hará felices por un tiempo, pero a medida que avanza el tiempo, nos adaptaremos a esa nueva realidad, la cual se convertirá en nuestra nueva base comparativa y por lo tanto, ya no nos hará tan felices como antes, pues nos hemos adaptado a este nuevo ambiente.

Por ende, el reto ahora está en lograr que su sueño o meta lo haga realmente feliz, no solo de manera temporal y transitoria, sino de forma más permanente y para eso debe disfrutar el proceso y no enfocarse solo en la meta, y paralelamente ayudar a otros en el proceso. Si hoy pudiera comprar el auto de sus sueños o lograr su peso corporal soñado, se sentiría realizado, pero por el principio de adaptación natural en poco tiempo el carro ya significaría lo mismo para usted, con el tiempo volvería a ser el mismo y a sentirse igual que antes, pese a que ya tiene lo que soñaba.

Es probable que con el paso del tiempo y poco a poco, sienta como si su mundo se desplomara y solo crear un nuevo sueño lo ayudaría a darle nuevamente sentido a su vida. Ahora no solo quiere el auto, sino también un yate, por su parte en el otro caso expuesto, ya no solo quiere los 15 Kg menos de peso, sino también abdomen de acero.

A primera vista este proceso de construcción de nuevos sueños y metas, no presenta problemas aparentes, sin embargo a medida que tiene éxito en sus metas y usted se vuelve mejor en el proceso, tendrá que estar planteando metas nuevas todo el tiempo o por el contrario, tenderá a trazarse metas o sueños demasiado grandes que tomen demasiado tiempo y esfuerzo para realizar. Sea cual sea el caso se convierte en un proceso agotador y en muchos casos poco satisfactorio.

No estoy diciendo que no debemos continuar con nuestro proceso de mejoramiento personal durante nuestra vida, ni que cuando logremos nuestras metas, simplemente debamos dejar de soñar, pero sí propongo evitar volvernos esclavos de nuestros sueños y mantener el orden natural.

Ayudar a otros aparece frecuentemente en estudios de felicidad como un componente importante para lograrla. Simultáneamente se necesita para alcanzar el éxito. Si su meta es de desarrollo personal y no incluye negocios es probable que no requiera ayudar a muchas personas (aunque podría hacerlo). En este caso, posiblemente con la vinculación de unos pocos beneficiados sea suficiente para darle sentido a su meta y por ende a su éxito. Pero, si por el contrario su meta está en el área de negocios, el tamaño del impacto sí cuenta y la cantidad de personas a quienes ayude a solucionar una necesidad, problema o vivir mejor, harán la diferencia.

Colaborarle a otros a solucionar problemas es lo que realmente nos hace exitosos, en efecto me atrevería a decir que es indispensable para el éxito. Por ejemplo: si usted quiere programar videojuegos y hacerse rico, debe ayudar a miles de personas a divertirse con sus juegos de lo contrario no lo logrará. Si su sueño es viajar por el mundo o trabajar como contador de una empresa, deberá ayudar a su empresa a mantener unas finanzas firmes entre otras cosas.

Si su sueño es bajar de peso y vive con tres personas más en casa, es probable que deba alimentar de forma más balanceada a los otros miembros de la familia también, lo cual les ayudará a vivir de forma más saludable.

Si elimina el aspecto de ayudar a los otros en estos tres sencillos ejemplos anteriores, rápidamente se vuelve evidente que las posibilidades de tener éxito en su cometido se hacen más pequeñas.

Existen diferentes personalidades, por lo cual cada uno de nosotros se siente mejor haciendo determinadas cosas y al mismo tiempo tiende a ser más exitoso en esas áreas de su preferencia. Pero es posible que vengamos haciendo actividades o acciones que no nos gustan y nos causan poco placer o felicidad y nos hayamos vuelto buenos en ellas, es posible que seamos tan buenos en estas actividades que ahora sentimos que si cambiamos a otras para perseguir un sueño estaremos siendo tontos.

Supongamos que usted es un ingeniero y quiere tener su propia casa y ayudar a sus padres, quienes con esfuerzo lo han apoyado toda su vida. Usted está trabajando con una empresa petrolera donde labora 20 días y descansa 10 y recibe ingresos superiores a otros de los compañeros que estudiaron con usted. Al mismo tiempo, desde niño ha sentido gran cariño por el medio ambiente y la naturaleza y su trabajo actual incluye la instalación y puesta en marcha de nuevos campamentos petroleros, lo cual frecuentemente implica deforestar el área donde se encuentra el pozo. Esto lo hace profundamente infeliz, pues se siente culpable por las consecuencias de su trabajo, no obstante continúa en su trabajo, persiguiendo su sueño, su meta de tener su casa propia y apoyar a sus padres.

En el proceso sus compañeros y familiares lo ven como un hombre exitoso y no pueden entender de qué se queja y mucho menos pueden imaginar cómo podría querer cambiar de trabajo frente a tan buenas oportunidades. A medida que pasa el tiempo, usted escala posiciones en la empresa y ahora gana más dinero, por lo tanto comienza a dar dinero a sus padres y a pagar la que será su casa soñada, refugiándose en ese sueño cada vez que se siente mal sobre la naturaleza de su trabajo. Finalmente, después de varios años logra ahorrar dinero y paga la casa, usted ha cumplido su sueño. Es un hombre exitoso a los ojos de todos y un hijo responsable pues ha realizado sacrificios para estar bien ahora.

Poco tiempo después la euforia del éxito se desvanece y usted ahora siente que lo único que sabe hacer es esto que ha venido haciendo, tal vez a su edad ya nadie lo contrate y todas las dudas, temores y miedos que lo mantuvieron realizando un trabajo que odiaba durante tanto tiempo surgen más fuertes que nunca, así que no es capaz de retirarse o hacer algo diferente. Pasan los años y finalmente logra jubilarse y recibe una jugosa pensión mensual que le permite vivir cómodamente, es un hombre exitoso a los ojos de la sociedad.

Es momento de hacer lo que usted siempre ha querido, pero ahora el tiempo ha pasado y su corazón se ha marchitado y ya no tiene deseos de crear nuevas cosas, así que invierte su dinero en finca raíz que le da seguridad y garantiza su vejez, una sabia decisión a los ojos de todos, inclusive a los suyos. Este hombre cumplió su sueño y mucho más, pero no fue feliz durante su vida, por lo tanto no fue verdaderamente exitoso. El éxito debe ir ligado a la felicidad, de lo contrario no será verdadero, ni duradero.

Por supuesto no quiero decir que el sector petrolero sea malo, ni que los ingenieros quienes laboran allí sean más felices o infelices que otros sectores, de hecho si el protagonista del mismo caso del ingeniero anterior, fuese una persona que ama construir, quien ve como su trabajo ayuda a energizar la sociedad, lograr progreso y mover los motores de la industria, podría ser completamente feliz haciendo el mismo trabajo.

Nuestro ingeniero del ejemplo no es víctima del destino, ni de sus padres o amigos, ni de la empresa que le dio su trabajo. Fue él quien tomó las decisiones de vivir su vida de esa forma, nadie le impidió en sus días de descanso y con los excedentes de su trabajo crear una empresa de reforestación, o de cuidado animal, o de asesoría de planeación a empresas petroleras para reforestar los mismo campos creados, o quizás podía haber creado, o propuesto planes para manejar mejor los recursos naturales, u otras posibilidades, fue él quien se concentró en lo que no le gustaba y decidió ser una víctima y no tomar acciones y responsabilidad sobre su vida. Tal vez hubiera tenido éxito en alguna de esas iniciativas, tal vez no, pero de seguro se hubiera sentido mucho más feliz y realizado consigo mismo de haberlo intentado, de haber sido fiel a su corazón, no necesariamente tenía que haber renunciado a las bondades que la empresa le daba, actualmente podía haber tenido lo mejor de ambos mundos, pero no pudo verlo a tiempo.

Al mismo tiempo, de alguna forma misteriosa, la premisa de "no hagas al otro lo que no quieres que te hagan a ti", parece regir en todo lo que hacemos. Algunos lo llaman karma, otros energía, otros justicia divina o atracción. Sin importar el nombre que le demos me atrevo a decir que es una ley operante en el universo. Al hacer cosas buenas, hablar positivamente, pensar en el bien y ser responsable de nuestro pensar, decidir y actuar, vendrán actos, cosas y personas en esa misma frecuencia, quienes no están en el mismo camino, no se sentirán cómodos a su lado o simplemente, las cosas no se darán. Parece magia y ciertamente no puedo explicar cómo funciona, pero le puedo asegurar que lo hace.

No hay duda que existe la persona que dice ser completamente buena y de todas formas enfrenta la mala suerte, quien parece hacer todo bien y aun así cosas malas siguen pasándole. Esa persona en alguna forma está incumpliendo esta norma importante, es posible que quienes la rodean no puedan darse cuenta, pero es sencillamente imposible hacer el bien, pensar en el bien, actuar bien, asumiendo responsabilidad de sus actos y pese a ello continuar recibiendo cosas negativas.

Si dicha persona logra entender este principio en el cual todo lo que uno haga de alguna forma se devuelve, estaría agradecido por cada cosa que le pasa, su optimismo y visión positiva de la vida, sumado a la responsabilidad de sus actos, la llevaría a darse cuenta, que lo ocurrido ha sido su propia responsabilidad, a la vez que podría analizar cuáles son las partes positivas de lo ocurrido y cómo puede utilizar ese hecho para fortalecerse.

Por su parte, existe una cantidad de líderes que operan bajo la premisa del mal, algunos de ellos acumulan grandes fortunas. A simple vista alguien pudiera pensar que es más fácil tener éxito actuando de forma indebida, pues hay tantas personas haciéndolo que a veces es difícil distinguir cuando se está actuando bien o mal. No obstante, su corazón siempre sabrá lo que es correcto, aunque decida no escuchar esa voz interior que le habla, usted lo sabrá. Las personas que actúan mal, de manera injusta, perjudicando a otros, siempre pagan un precio demasiado alto, bien sea intranquilidad, inseguridad, desconfianza, tiempo, etc. Equivocadamente intentaron perseguir sus sueños mediante la vía del mal, lo cual resulta antinatural y la naturaleza siempre busca el balance, por lo cual no son duraderos.

Su elección de vida, el proceso y el resultado, deben hacerlo sentir bien, debe estar dispuesto a esfuerzos especiales, pero siempre haciendo el bien. Hace poco, conversaba con un trabajador que gana un salario mínimo, suficiente para subsistir. Él me insistía que este enfoque es demasiado romántico por decirlo de manera suave, que en su caso dadas sus circunstancias, sus capacidades, su educación, su estrato social, debía conformarse con cualquier trabajo que logrará conseguir. Insistía, en que él, no podía ser exigente con el tipo de actividad que desempeña pues no cuenta con ahorros y un día sin trabajar podía significar un día sin comer.

Esta persona, a pesar de su situación, ha decidido vivir una vida de bien, en la cual decide ganarse la vida honradamente, lo cual tiene valor en sí mismo, sin embargo no se permite soñar con una mejor situación, por lo tanto le es difícil conservar los trabajos que consigue. Sin darse cuenta, su actitud lo ha llevado a victimizarse y su falta de un norte claro y aspiraciones más altas disminuyen su calidad de vida, más que la misma limitación de recursos. Ha decidido sobrevivir, cuando podría vivir, claro "es fácil decir eso en su posición" rápidamente replicaba, pero aún si su trabajo actual solo le brinda sustento para sus gastos diarios, con actitud proactiva, deseos de superación y un firme deseo de salir adelante, podría buscar INFINITAS opciones y soluciones, tal vez apoyo en su patrono para estudiar si así lo quisiera, o guía para crear una empresa si tal fuese el caso, o apoyo económico para crear una fuente de ingresos paralela a su trabajo, o quizás en algún momento alguien vería su actitud positiva y le daría una oportunidad mejor a la actual… en fin, las posibilidades son realmente infinitas.

En TODOS los campos, tipos de trabajos o negocios es posible tener éxito, en todos hay posibilidades para hacerse rico si es lo que usted desea, en todos es posible encontrar felicidad, todos son dignos y buenos, pero no todos son buenos para usted. Como veremos en el próximo capítulo, y citando al célebre científico Albert Einstein "Todos somos ignorantes, solo que no todos ignoramos las mismas cosas".

CAPÍTULO 2

Ignorante desde adentro hacia afuera

A medida que pasa el tiempo, todos desarrollamos capacidades diferentes. Incluso hermanos gemelos quienes han vivido en un mismo hogar y recibido la misma educación tienen experiencias diferentes, a través de las cuales desarrollan gustos, miedos, intereses, deseos e incentivos para mejorar ciertas áreas personales. No importa si este proceso ha sido inconsciente para usted todo este tiempo, lo importante es cómo va a aprovechar esas capacidades de ahora en adelante.

Su pasado es una herramienta que debe usar, no importa si no se siente completamente orgulloso de él, o si le gustaría cambiarlo, quitarle o ponerle algo, eso es irrelevante. Nadie puede hacer nada para cambiar lo ocurrido y por lo tanto no debe desperdiciar tiempos o esfuerzos pensando en ello. Lo anterior, algunas veces resulta más difícil de hacer que de decir, pues le permitimos a nuestro pasado perseguirnos y hasta acecharnos. Como todos sabemos cada día trae sus sorpresas, bondades y resultados, por simple naturaleza no siempre se dan las cosas como hubiésemos querido. Algunas experiencias resultan tan traumáticas que a veces no nos sentimos capaces de lidiar con nuestros propios recuerdos solos, pero la verdad, nadie ha dicho que tiene que hacerse solo, a decir verdad, buscar ayuda en las áreas donde la requerimos es un factor clave del éxito.

Por ejemplo, si usted quisiera cocinar una torta (ponqué, pastel) de cumpleaños y nunca lo ha hecho, puede buscar información en libros, recetas, internet o puede llamar a un amigo. En un principio puede sentirse capaz de lograrlo o quizás no, pero puede intentarlo. Si decide hacerlo, no hay garantía de éxito, de hecho es posible que su proyecto no salga como usted lo quería y luego deba comprar nuevamente ingredientes adicionales o todo sea un desastre y finalmente decida comprarla ya hecha.

Otra opción habría sido, contratar un *chef* profesional, especialista en tortas de cumpleaños para que lo asesore y enseñe; con seguridad tendrá éxito.

Tal vez está pensando que los chéfs son únicamente para personas ricas o adineradas y que costará más dinero contratar al *chef* que simplemente salir a comprar la torta. Entonces deberá analizar cuál es el objetivo, la razón por la cual quiere hacer la torta en primer lugar,

¿es para hacer sentir especial a la persona homenajeada?, o es quizás para usted mismo aprender a hacerla, pues la cocina es algo que lo apasiona y tal vez está considerando comenzar un negocio de tortas.

La búsqueda de esta razón, le ayudará a tomar la decisión correcta. El costo de su inversión en el *chef* se comparará con el objetivo de su acción y no solo con la torta. Si el objetivo es comenzar un negocio, deberá preguntarse, ¿cuánto cuesta aprender a hacer las mejores tortas, del mejor profesor?, después de esta inversión, ¿qué tipo de productos podrá ofrecer?, y ¿cómo esto aumenta sus posibilidades de tener éxito?

Si descubre que la razón es para hacer algo para una persona en una fecha especial, ¿cómo se sentirá él o ella al saber que usted contrató al mejor *chef* para asesorarle y usted mismo preparar la torta de cumpleaños? Otra respuesta válida, puede ser que todo esto es demasiado esfuerzo por una torta y es mejor comprarla ya terminada. Nuevamente es usted quien deberá tomar sus propias decisiones.

En este sencillo ejemplo es notoria la influencia de las razones detrás de una decisión e inversión. Dos situaciones iguales con costos y esfuerzos similares, pero soportados por razones diferentes pueden llevar a decisiones opuestas.

Lo mismo ocurre en todos los aspectos de la vida, incluyendo el personal. Ahora, esas razones se ven afectadas por nuestros valores y formación, los cuales se han venido formando con el paso del tiempo. A la vez, es posible que nuestra incapacidad para dejar nuestro pasado en su lugar, aportándonos aprendizajes y enseñanzas nos esté reteniendo, alejándonos de nuestro éxito, por eso es importante ser sinceros con nosotros mismos y compartir la causa de la aflicción que está afectando nuestra decisión. Podemos utilizar ayuda de un profesional para tratar estos temas, si eso ayuda. Pero como siempre, es una decisión personal.

Si logramos ver objetivamente nuestra vida como si fuera la de alguien más, podremos tomar decisiones más objetivas. Debemos desarrollar la capacidad de revisar los resultados de nuestras acciones dejando al menos por un momento de un lado los sentimientos, tomando los aprendizajes como escalones que nos colocan cada vez más cerca de nuestra meta, de nuestro sueño y por ende de nuestro triunfo.

Usted tiene la capacidad de analizar su vida y observar lo que le gusta y lo que no le gusta de ella. El "usted" de hoy, es el resultado de muchos factores que han definido su personalidad y modelo de toma de decisiones. Sorprendentemente gran parte de esos factores estuvieron fuera de su alcance durante una etapa de su vida, pero hoy, usted es quien toma control, las cosas ya no solo "le van a pasar", usted va a hacer que las cosas ocurran o no, dependiendo de lo que desea para su futuro y cada nuevo día es el futuro.

Ese pasado, nos ha dotado de habilidades personales, las cuales utilizamos cada día, sorprendentemente pasamos nuestra vidas tan ocupados haciendo cosas todo el tiempo, que somos incapaces de dedicarnos tiempo a nosotros mismos y de conocernos.

Todas las personas exitosas han aprendido a conocerse, saben en qué se desempeñan mejor y cuáles son las áreas que les cuestan más trabajo. Con el tiempo se han dado cuenta qué los hace más felices y observan las cosas o experiencias que no les produce tanta satisfacción; utilizan todo este conocimiento personal a su favor, para desarrollar formas de automatizarse y mantenerse encaminados.

Durante mi vida profesional constantemente he presenciado cómo las empresas implementan "estrategias" para mantener motivados a sus empleados y colaboradores, utilizando técnicas de todo tipo desde actividades de esparcimiento, hasta programas completos de planeación de vida y finanzas; unos más efectivos que otros. Siempre he creído que a menos que estos esfuerzos estén encaminados al desarrollo personal del trabajador son a lo mucho, soluciones temporales.

Por ejemplo, supongamos que usted es jefe en una empresa y decide organizar una reunión de integración y puede que todos la disfruten, pero el año entrante la reunión ya será esperada por todos y por tanto su impacto será menor. Después de unos años será rutinaria y algunas personas hasta comenzarán a tratar de evitarla surtiendo el efecto contrario a lo que se quería en un primer momento. Ciertamente las reuniones y fiestas tienen muchos factores favorables, pero solas son insuficientes. La felicidad o motivación de cada persona debe ser una responsabilidad exclusivamente personal y más aún, debe ser una CAPACIDAD. Por lo tanto, los esfuerzos de las empresas en ese campo deberían ir encaminados a ayudar a las personas a conocerse a sí mismas para que cada uno encuentre sus propias motivaciones y aprenda a estar mejor y a plantearse metas. Seguidamente las empresas podrán invertir los esfuerzos y recursos que actualmente destinan a "motivar" a sus colaboradores, en apoyarlos en el proceso de alcanzar sus metas personales.

Esto no quiere decir que un trabajador debe esperar que la empresa para la que trabaja se encargue de esto. Si he logrado transmitir el mensaje correctamente, notará la falta de sentido de quejarse porque en su lugar de trabajo no se hace nada de lo propuesto anteriormente. Usted ahora se da cuenta que siempre ha sido su responsabilidad PERSONAL y por ende puede buscar formas de automotivarse y si así lo considera podría llegar a plantear propuestas al respecto que enriquezcan su lugar de trabajo.

NUNCA debe permitir, ni dar poder a nadie diferente a usted mismo sobre su felicidad, motivación y éxito. No es su esposa o esposo quien debe hacerlo feliz, no es su jefe, ni su empresa, ni su auto, ni su dinero quien tiene el poder. Es USTED MISMO quien está a cargo de su vida.

Por esto mismo USTED debe estar primero. Esto contradice la doctrina socialmente aceptada e impulsada por la religión donde es noble pensar primero en el otro, pero de la misma forma como ocurre en los trabajos de búsqueda y rescate donde la seguridad del rescatista es la más importante, pues si él se lesiona o resulta herido, no solo no podrá ayudar a quienes lo requieren, sino que se convertirá en una carga adicional para su equipo, ya que desde ese instante tendrán que encargarse de atenderle también a él.

Lo mismo ocurre en todos los aspecto de la vida. Si usted no piensa primero en usted, segundo en usted y tercero en usted, para dejar en cuarto lugar todo lo demás, es posible que nunca tenga recursos para aportar a todos los demás. No hablo solo de dinero, sino de tiempo, salud, alegría, capacidades, oportunidades, etc.

Esta propuesta debe tomarse con cuidado, pues no significa que debe convertirse en un egoísta, al cual nada ni nadie más le importa, ciertamente no es esto lo que propongo. Por ejemplo, usted espera proveer bienestar a su familia, lo cual es su meta, buscar la forma de cada día estar mejor. Pero para lograr su triunfo y su meta al mismo tiempo, debe pensar en usted primero, escoger un trabajo que lo haga feliz, donde se desempeñe con esmero y logre resultados para que pueda tener grandes avances y por ende, llevar el anhelado bienestar a su familia. Por el contrario, si opta por poner a su familia primero, creerá en forma equivocada que por amor está aceptando un trabajo que lo hace infeliz, el cual hace que al llegar a casa no tenga deseos de compartir con sus hijos, realmente no lo hace por amor, lo hace por MEDIOCRE, por PEREZOSO, pues si se dedicara realmente a esforzarse por ser un hombre o mujer exitosa no aceptaría semejante situación, si usted no es feliz y se siente exitoso, no puede entregar a otros lo que no tiene.

Espero que esta última parte lo haya molestado o al menos incomodado, pues es precisamente esa comodidad lo que lo tiene estancado, necesita incomodarse, salir de esa zona de *confort* donde se encuentra actualmente para lograr crecer y evolucionar para encontrar una nueva zona de *confort* más avanzada a la que tiene actualmente. Pero debe ACTUAR. Siempre debe seguir el orden natural: SER, para HACER y finalmente TENER. Cada vez que olvide seguir este orden se encontrará en problemas, recordar cometer los casi inevitables errores como parte del proceso y aprender a manejarlos está bien, después de ellos, retome el camino y concéntrese en SER, para HACER y los resultados se darán naturalmente.

El mundo es evidentemente material, sin embargo el mundo REAL no es necesariamente el que vemos y percibimos con nuestros sentidos, pues estamos limitados precisamente a nuestras capacidades sensoriales físicas para percibir el mundo que nos rodea. En últimas, mi percepción personal de una situación en particular, puede ser completamente contraria a la de otra persona y en el interior de ambos, pensaremos, estar en lo cierto. Esto es válido para todos los campos incluyendo nuestra capacidad de hacer las cosas. Si usted cree que es capaz de hacer algo, está en lo cierto, pero si cree que no es capaz de hacerlo también tiene razón. Este concepto lo reforzaremos más adelante en el capítulo seis.

Aun así, el aspecto material tiene su lugar y es importante en las áreas en que opera. El dinero por ejemplo hace parte de nuestra vida diaria.

La sociedad, la economía y el mundo en general han sido diseñados por el hombre para funcionar alrededor de un sistema monetario, en el cual con un elemento universal "el dinero", podemos acceder a una variedad prácticamente infinita de productos, servicios, beneficios y demás. Tratar de restarle importancia al dinero en nuestra sociedad resulta claramente en una pérdida de tiempo, sin embargo como dije al principio de este párrafo, los elementos materiales son importantes en el área en que operan.

Si alguien preguntara, ¿qué es más importante el dinero o el amor?, primero evidenciaría su falta de entendimiento de las diferencias entre el aspecto material, el sentimental, físico y el espiritual. Lo que es valioso dentro de cada grupo de aspectos, normalmente resulta irrelevante para el siguiente. El amor es fundamental para una vida balanceada y forma parte del aspecto sentimental, sin él difícilmente nuestras vidas tendrían sentido. Por su parte el dinero es muy importante en el aspecto material, sin dinero sería complicado acceder a todas las bondades que nuestra sociedad moderna ha creado para mejorar nuestras vidas.

Para demostrar la irrelevancia de cada uno de ellos con respecto al otro, deben analizarse situaciones donde el uno o el otro resulten inútiles. Digamos que su vida está en riesgo y alguien quien lo ama está en posibilidad de salvarlo, pero al hacerlo perdería su propia vida. Esta persona estaría dispuesta por amor, a dar la vida para que usted viva. En este ejemplo, el amor está correlacionado con la disposición a hacer un sacrificio y difícilmente encontrará un reemplazo material lo suficientemente válido para reemplazarlo. Pregúntese cuánto dinero estaría dispuesto a recibir a cambio de dar la vida por alguien más a quien no ama. Seguramente no aceptaría dar la vida a cambio de dinero.

Veamos otro caso en el que el dinero es completamente relevante. Supongamos que usted quiere ir a un concierto en vivo de su banda favorita. Al llegar a la taquilla usted pagará por la entrada y se la venderán. No importará si el vendedor de las boletas siente algo por usted, si lo ama o lo odia, siempre y cuando usted tenga el dinero para pagar por la boleta, él se la venderá y usted podrá acceder al evento, de lo contrario, no lo logrará.

El dinero es importante, quizás muy importante, pero no es ni debe ser LO más importante. El dinero es una herramienta, un medio para hacer. Su magia consiste en poder transformarse en casi cualquier cosa, pero no es ni bueno ni malo en sí mismo. Algunas creencias erradas del dinero pueden venir de nuestra infancia. Naturalmente en alguna etapa de nuestra vida, tratábamos de llevarnos todo lo que llegaba a nuestro alcance a la boca para experimentar como era el mundo. En esa etapa las madres y familiares tienden a estar muy atentos para evitar que el infante ingiera elementos que puedan lastimarlo, así como gérmenes o bacterias. Las monedas y billetes se caracterizan por pasar por diversas manos, billeteras, lugares y demás, que en general se conocen no tanto por su limpieza sino más bien por su capacidad de portar suciedad, de tal forma que permitir que un niño (a) se lleve a la boca las manos con una moneda o billete, sería considerado casi una aberración, ¿verdad?

De esta forma, en muchos casos desde niños se nos dice que el dinero es malo o sucio, en un principio solo en ese contexto, pero cuando crecemos hemos grabamos en nuestras mentes esa premisa y al haber sido inculcada desde tan temprana edad, pocas veces nos atrevemos a cuestionarla y vive con nosotros el resto de nuestras vidas, jugando en nuestra contra cuando existe la posibilidad de ganar dinero, pues el dinero es "malo y sucio"…

Por ejemplo, con USD 10.000 dólares usted puede comprar un rifle y alquilar un bote, para salir a navegar y aniquilar a todas las tortugas marinas que se crucen en su camino o por el contrario, puede aportarlos a una fundación para proteger esa misma especie. El dinero no es bueno o malo, él solo le da la posibilidad de hacer algo, es usted quien decide cómo utilizarlo.

Su "yo" interno tiene poder para hacer y cambiar. Entonces ¿por qué incluso cuando estamos motivados, entusiasmados y tenemos todas las capacidades para cambiar, no hacemos lo que debemos hacer para estar mejor? Una de las razones más frecuentes es la "procrastinación", lo cual se traduce en dejar para mañana lo que podemos y debemos hacer hoy, y mañana nuevamente lo aplazamos, para el día siguiente y así sucesivamente. A medida que esto avanza, la ansiedad por no hacer nuestros deberes crece. Existen libros completos sobre solo este tema, pero al igual que con el miedo, no parece haber cura permanente, solamente tratamientos efectivos.

Realmente no dejamos de hacer algo por estar muy ocupados, de hecho se dice comúnmente, "si quiere algo hecho, déselo a una persona ocupada". Lo que ocurre es que siempre que debemos hacer algo, lo cual nos hace sentir así sea un poco de ansiedad, temor o inseguridad, evitamos sentir esto o aplazarlo, por temor a que al hacerlo dicho sentimiento sea aún más intenso, así que aplazamos y aplazamos (en términos modernos procrastinamos y procrastinamos). Como hemos visto las situaciones nuevas y de cambio son las que tienden a producir más ansiedad y temor, por lo tanto son las que más se ven afectadas por este proceso.

Infinidad de veces durante mi vida se me ha llamado inmediatista. A mi forma de ver, esto se debe simplemente por haber entendido el poder del YA. Algo que se hace YA MISMO, no se olvida, no se aplaza, no se espera no se queda sin hacer, si va a haber algún inconveniente con esa acción se puede solucionar de una vez. Esa corta palabra o quizá su frase hermana DE UNA VEZ suelen ser mis favoritas al momento de llevar a cabo acciones. Un día cualquiera, mi esposa me dijo que uno de sus sueños era conocer Europa y quería saber si yo creía que debíamos comenzar a planear agenda y finanzas para dicho viaje. Ya llevamos un par de años casados, así que mientras hablaba con ella por teléfono al respecto, entré a tres páginas web de compañías de cruceros por Europa, miramos nuestros calendarios y seleccioné uno que me pareció adecuado, se lo dije a mi esposa (durante la misma llamada telefónica), quien por supuesto estuvo de acuerdo, hice un depósito online con la tarjeta de crédito y en menos de 1 hora habíamos separado y definido nuestro viaje para realizar uno de sus sueños. Mi agente de viajes luego me diría que había obtenido la mejor tarifa disponible para esas fechas de viaje.

Esperar hasta tener una parte o la totalidad del dinero para hacer real un sueño puede ser una estrategia inteligente, pero también puede ser peligrosa, pues tal vez nunca reúna ese dinero, porque le falta el incentivo adecuado, o quizá porque no ha aprendido a conocerse a usted mismo para motivarse o en algunos casos obligarse a actuar.

Nosotros no contábamos con todo el dinero del viaje en ese momento pero conocíamos nuestras finanzas y sabíamos que podríamos pagarlo, también conocíamos nuestros calendarios y responsabilidades. Ahora que habíamos adquirido el compromiso económico lo sacaríamos adelante. Sé que para muchos esto puede sonar un poco impulsivo e inmediatista, pero con frecuencia eso es exactamente lo que nos falta. Es cierto que se pueden cometer errores por tomar decisiones apresuradas, pero rápido no es sinónimo de apresurado. Conozco gran número de personas a las cuales decidir cualquier cosa sencilla en su vida diaria, les toma gran dificultad y les genera estrés desproporcionado con respecto a la importancia de la decisión.

Por ejemplo, pregúntese ¿cuánto tiempo le toma en las mañanas decidir qué ropa o atuendo va a utilizar?, o en un supermercado ¿cuánto le toma decidir sobre una marca de un producto?, analice cuáles son sus sentimientos y pensamientos al momento de cambiar su vehículo, o de ampliar su casa, de reemplazar los muebles de su sala, etc. Notará que para algunas cosas su capacidad de decisión es alta, puede seleccionar asertivamente en un corto tiempo y en la gran mayoría de las veces lo hará bien, mientras en otros aspectos, diferentes sentimientos, pensamientos, preguntas, dudas y temores, lo llevan a demorar su decisión. A veces son tan fuertes que evitan que usted tome una decisión diferente a permanecer inmóvil y no hacer nada. Imagínese las consecuencias en su vida de no lograr seleccionar una marca de desodorante y por lo tanto simplemente no usarlo, como ¿cambiaría eso su vida? Parece un ejemplo extremo, pero eso es exactamente lo mismo que hacemos en todas las escalas de nuestras decisiones.

A veces creemos que debido al tamaño de la decisión o de las consecuencias de la misma, debemos tomarnos más tiempo. En ocasiones es cierto, tomarse un espacio para decidir es algo sano que siempre aconsejo hacer, pero usted debe colocarse límites a esos tiempos pues de lo contrario puede entrar en parálisis por sobreanálisis. Simplemente no hará nada y continuará como venía y sorprendentemente se sentirá aliviado, quizá feliz pues el asunto que le causaba estrés o dudas, se ha ido, pero con él se han ido las oportunidades y bondades que esa decisión no tomada hubieran podido traer a su vida.

Pruebe con propósitos y metas cortas, aparentemente pequeñas pero de gran importancia, véalo como un ejercicio de mejoramiento personal. Si por ejemplo nota que cada día se demora seleccionando el periódico a comprar, colóquese como meta, reducir a la mitad su tiempo de decisión, o si es el caso, seleccionar los ingredientes de su desayuno, haga lo mismo. Ejercite su propia intuición en estas cosas pequeñas ya detectadas. Esta capacidad le servirá cuando deba decidir sobre cosas más trascendentales, pronto se dará cuenta que ya no le cuesta tanto trabajo actuar y decidir, igualmente las cosas que normalmente aplazaba por generarle algún tipo de incomodidad casi de manera mágica comienzan a ser evacuadas de manera más rápida. Debe ser divertido, pruebe con la selección rápida de una película en el cine, o con una cena en un restaurante, en fin, diviértase con su propio progreso, pero hágalo ¡YA!

Debo advertirle algo clave sobre el "YA". El "YA" al momento de comprar puede tener un precio, si usted hace su tarea e investiga un poco sobre sus compras logrará pagar mejores precios que si toma decisiones impulsivas. No se trata de hacer las cosas sin pensar, ni decidir sin tener en cuenta los factores que afectan su decisión y respectivas consecuencias, se trata simplemente de hacerlo YA. Posiblemente las personas cercanas a usted lo critiquen por decidir tan rápidamente, pues a su parecer puede estar tomando decisiones impulsivas, pero después de un tiempo de práctica diaria, usted notara que cada vez logra tomar mejores decisiones en un tiempo más corto y por ende, logra hacer más y mejores cosas en menos tiempo que quienes lo están criticando.

En ese sentido debo resaltar algo más, en general todas las personas buscan pagar la menor cantidad de dinero posible por el mejor producto disponible, es un principio tan ampliamente aceptado que hoy en día prácticamente no se cuestiona, al punto de llegar a considerarse como un tonto a quien paga un mayor valor, por el mismo producto con respecto a alguien más. Sin embargo, a pesar de tratarse del mismo producto final, no siempre se trata de la misma experiencia de compra, o de calidad del servicio o tal vez de seguridad en el área o de experiencia en la asesoría recibida por el vendedor, todas estas cosas tienen un costo y el producto o servicio es la única forma que las empresas tienen de recuperar su inversión y obtener una utilidad que les permita mantener su negocio en el tiempo.

Para ser completamente sincero, casi siempre prefiero pagar caro, comprando productos más costosos. No quiero decir que prefiero botar o desperdiciar mi dinero, sino más bien que prefiero comprar productos y servicios a empresas que prestan un valor agregado, donde me siento cómodo y puedo recibir asesoría de calidad entre otros aspectos. Frecuentemente, a pesar de que el precio pagado es un poco superior a lo que cuesta el mismo producto en la competencia, para mí, resulta ser más económico, pues la buena calidad del servicio y características de las instalaciones, hacen que yo ahorre tiempo recolectando información, comparando precios, al mismo tiempo que tengo una mejor experiencia utilizando el bien más preciado y limitado que tenemos… ¡TIEMPO!

Por otra parte es mejor pagar un poco más por algo y tomar decisiones que nos mantengan en constante evolución a nunca pagar o nunca hacerlo buscando siempre un mejor trato, precio o negocio. Hacer negocios de baja rentabilidad es más rentable que no hacer ningún negocio. He hecho en mi vida mucho más que muchos otros en el mismo tiempo en este planeta, en parte por esta forma de pensar y actuar. Esto sumado a otro sinnúmero de experiencias me lleva a ofrecerle esta aproximación a la vida.

Permítase hacer frente a sus propias excusas para no decidir y hacer… "si no me veo bien no logro cerrar el negocio" o quizá "el desayuno es la comida más importante del día así que debo balancearlo bien…". ¿Acaso usted mismo ya no decidió sobre la ropa que compró y los ingredientes para su alacena? Porque continuar desperdiciando tiempo en lo mismo. Debemos ser sinceros con nosotros mismos.

Estas excusas personales son en gran parte el resultado de paradigmas y prejuicios personales o sociales, que no necesariamente nos sirven para estar mejor, solo desarrollando nuestra capacidad para escuchar nuestros propios sentimientos y pensamientos podemos verlos y actuar al respecto. Cuestione sus propios pensamientos y decisiones como si una persona externa con actitud inquisidora insistiera en el porqué de su actuar o no actuar. El no decidir o decidir no actuar ahora, lo lleva a continuar posponiendo sus metas hasta que algo esté mejor o pase algo. Como se ha dicho antes, esto no es necesariamente negativo, pero se vuelve en nuestra contra cuando los plazos son demasiado largos y no fraccionamos esa meta en unas más cortas que nos lleven a ese resultado esperado.

Si su idea era esperar a pensionarse para comenzar a hacer lo que realmente lo hace feliz, le tengo una noticia que cambiara su forma de ver su vida: Es MUY probable que a pesar de lograr pensionarse (lo cual de por si es cada vez más difícil para el trabajador promedio), no sea verdaderamente feliz. No se trata de la meta final, sino del sentido de todo el camino recorrido para llegar a ese logro.

Con frecuencia permitimos que la rutina nos atrape, en mi caso todo el tiempo busco tener un nuevo proyecto, al menos en planeación o análisis, esto me ayuda a mantenerme dinámico. Me aburro con facilidad y hacer cosas nuevas me ayuda a darle sentido a mi vida. Esto lo comparto con usted para que se cuestione sobre sí mismo y dedique tiempo cada día a conocerse. Es increíble como pasamos todos los días por las mismas calles y olvidamos ver las plantas, oír las aves, detallar a las personas, los vehículos y disfrutar el mundo que nos rodea.

Ningún panorama es completamente bueno o completamente malo, pero siendo consciente de este hecho, podemos concentrarnos en lo bueno y aprender de lo malo. Al mismo tiempo, debemos resaltar siempre las cosas buenas en eso "malo" que nos pasa. Desde pequeño siempre se me enseñó. "Todo lo bueno y lo malo que le pasa en su vida, es para su bien", esa afirmación y enfoque hacia la vida me ha funcionado bien.

Teorías modernas sobre la felicidad, han encontrado que no se puede ser feliz sin sufrir un poco, se NECESITAN esos "malos" momentos, pues sin recibir cosas negativas, no tendríamos un parámetro con el cual "medir" nuestra felicidad y nunca lo valoraríamos.

Debemos encontrar el balance en nuestra vida, o al menos buscarlo. Pasarán cosas inesperadas, algunas de las cuales a primera vista parecerán malas, entonces usted las analizará y se dará cuenta de lo positivo de la situación. Si los resultados no son los esperados, es conveniente hacer una revisión de nuestro modelo de análisis y decisión, pero no sea muy duro con usted mismo, aprenda a equivocarse y hágalo con orgullo pues usted ha tenido la valentía de hacer cuando otros no;

de decidir cuándo otros no y ahora a pesar de los costos en tiempo, dinero, esfuerzo o cualquier otro de su decisión, usted está mejor preparado que quienes no han actuado. No basta con equivocarse, hay que aprender del error, sino todo perdería sentido.

La vida como tal no tiene sentido, usted nace y sabe que morirá sin importar lo que haga, diga o piense, TODOS vamos a morir, por lo tanto lo único que le da sentido a nuestra vida es lo que hagamos durante nuestro corto tiempo en el planeta. Como he mencionado antes, es precisamente este limitado recurso el más valioso que tenemos. Supongamos que tiene la posibilidad de hacer dos trabajos: uno en el cual recibe $100 por la hora y puede trabajar jornadas de 8 horas diarias es decir $800 al día, y otro en el cual gana $500 y el tiempo de ejecución depende de su capacidad para realizarlo, si usted lo hace en cinco horas gana $500 y si lo hace en cuatro o quizás tres horas, recibe el mismo monto. Para muchos es evidente que la segunda opción es más atractiva, pero para otros, la posibilidad de ganar $800 por sus ocho horas de trabajo resulta más atractivo que los $500 por las 3-5 horas. Cuando tenga dudas sobre cuál es la mejor decisión recuerde el ÚNICO tiempo que importa es el suyo, el tiempo que otros pueden proveer es ilimitado.

Si usted es por ejemplo un tejedor, y le contratan un gran pedido, tiene la posibilidad de tejer todo el pedido usted solo y utilizar gran cantidad de su valioso tiempo o puede optar por contratar a otros tejedores que hagan el trabajo en una fracción del tiempo y usted dedicar solo una pequeña parte de su tiempo a este proyecto. Hay quien piensa que es mejor que el tejedor haga todo el trabajo solo, pues así se ahorra los costos de la mano de obra de los otros operarios, mientras que otra persona apoyará la tesis contraria, en la cual pagar esos costos es mejor, pues dispone de más tiempo para hacer otras actividades dentro de las cuales puede incluir buscar más negocios y así no solo genera una fuente de trabajo para más personas sino mayor riqueza y beneficios para sí mismo, ¿cuál está en lo cierto?, ¿cuál es más inteligente?, ¿cuál tiene más sentido?

Nuevamente la respuesta no es única y debería ser ¿cuál tiene más sentido para USTED? Si usted ama tejer y odia supervisar o ser administrador, tal vez hacer el trabajo sea más adecuado, sin embargo si su deseo es crear un negocio próspero, subcontratar puede resultar más atractivo. No dé la respuesta por sentada, cuestione su propia respuesta, aprenda a hacer un análisis de escenarios en el cual usted valora y detalla las posibles decisiones que puede tomar y sus posibles resultados, así obtendrá mejores resultados PARA USTED.

Alguien hace unos años me preguntaba por la familia y al preguntar por mi hermana me dijo: "¿Quién trabaja más, ella o usted?", a lo que respondí: "no se trata de quien trabaje más, se trata de quien gane más trabajando menos". De ninguna forma tenemos una competencia con ella, ni mucho menos. El punto es que no siempre es bueno hacer todo USTED mismo. El arte de delegar puede ayudarlo en diferentes asuntos a lo largo de su vida. Hacer más en menos tiempo o con menos esfuerzo, no siempre le costará dinero. En algunos casos, si no se hace bien, en vez de ahorrarle, le costará tiempos y esfuerzos. Pero de que otra forma podemos mejorar nuestras capacidades si no es tropezándonos y a veces cayéndonos. Nuevamente, no seamos tan duros con nosotros mismos, tenemos derecho a equivocarnos y si desea ser exitoso, debe aprender a usar ese derecho.

Unas de las razones por las cuales tomamos personal el tema del dinero es porque intercambiamos nuestro tiempo por dinero, de tal forma si un trabajador gana $10 por una hora en 10 horas tiene $100 de ingresos. Si se gasta ese dinero en 1 minuto comprando algo de manera impulsiva no podrá mantener un nivel de vida sostenible. Por lo tanto tiene básicamente dos opciones: buscar ingresos trabajando más tiempo, de otra fuente independiente a su trabajo normal, buscando mejor remuneración o gastando menos. No todos tenemos madera de empresarios ni todos servimos de empleados, es nuestra responsabilidad decidir lo que queremos ser y no darlo por sentado. Puede que usted haya estado trabajando toda su vida en el lado equivocado de la ecuación, o por el contrario puede haber sido un gran afortunado de entrar al área donde se desempeña mejor y se siente mejor. Nuevamente no pretendo decirle lo adecuado para usted. Dese un momento para revisar cómo llegó a su ocupación o trabajo actual, cuáles decisiones tomó y que le gustaría cambiar, NO ES CIERTO que usted hace lo que hace porque TOCA, sino porque usted lo decide así, porque no ha sido capaz de imponer otras respuestas a sus propias preguntas, porque su MIEDO ha sido más grande que su deseo de ser exitoso y ha permitido que su INSEGURIDAD lo mantenga estático.

Si cuando mira su propio caso de vida no se siente orgulloso, aún si está ganando dinero está PERDIENDO en el juego del éxito y necesita barajar nuevamente sus opciones para jugar otra carta.

No hay atajos para el éxito, cuando piense en su sueño y sienta que es muy grande para usted recuerde ese viejo dicho "¿Cómo se come un elefante?: Un bocado a la vez". Encontrará en el camino "oportunidades" que parecerán demasiado buenas para ser ciertas y algunas veces será precisamente porque ese es el caso, enfóquese en construir su sueño paso a paso, disfrutando el paisaje mientras camina hacia ese oasis. OBLÍGUESE diariamente a realizar pausas y relajación, aprenda técnicas de relajación e idealmente yoga.

El cuerpo y la mente tienen muchos aspectos en los cuales deben balancearse y las metodologías de respiración, relajación y yoga entre otras son herramientas que debemos usar. Un amigo hace tiempo comenzó a practicar Pilates, el cual está dominado en gran parte por el género femenino, al principio se volvió víctima de bromas por parte de sus amigos, pero rápidamente ellos mismos notaron como su cuerpo se tonificaba, su mente se calmaba y ahora estaba todo el tiempo muy bien acompañado (por sus nuevas amigas de Pilates), de tal forma que no deje que sus propios prejuicios lo mantengan alejado de su éxito.

CAPÍTULO 3

¿Vivir o triunfar?

A excepción de algunos casos de personas completamente espirituales, en la actualidad el desarrollo personal va ligado a mejorar la situación económica de la persona, o al menos así es socialmente visto. Como ya hemos revisado, es fácil ser y sentirse exitoso sin tener la necesidad indispensable del aspecto material y específicamente sin permitir que el dinero sea nuestro centro, enfocándonos en el SER. Pero al mismo tiempo, en mi opinión la parte económica sí es necesaria en el desarrollo INTEGRAL de una persona. Quienes afirman: "el dinero es malo o poco importante", seguramente no han pasado algunos días sin dinero, la herramienta con la cual se adquiere prácticamente cualquier cosa o servicio en la sociedad moderna.

Algunos dicen: "todos los ricos deberían regalar sus fortunas a los pobres…", tocando varios puntos importantes y contradiciéndose rápidamente sin darse cuenta. Un gran número de estas personas afirman, en caso de lograr gran riqueza, que hacerse cargo de los más pobres sería su prioridad, pero no se dan cuenta, que para poder dar hay que tener y nada de esos sueños hipotéticos podrán realizarse a menos de que efectivamente logren hacer y MANTENER un nivel de riqueza capaz de permitirles ayudar a otros más necesitados.

El emprendimiento social y responsabilidad social empresarial RSE son parte indiscutible de las empresas. Para que los empresarios exitosos y las empresas puedan hacer su parte, primero deben ser capaces de ocuparse de ellos mismos y MANTENERSE exitosos (nótese que se ha enunciado mantenerse exitosos, no solamente ser exitosos).

Es fácil llegar a sentir envidia por personas, que gastan en unos minutos cantidades de dinero que muchos no lograrán acumular en toda su vida. De hecho los ejecutivos mejor pagados del mundo ganan tanto en un año, como lo que ganaría un trabajador promedio en los Estados Unidos durante 5.000 años de trabajo ¡duro! y en algunos casos más. Pero si usted en realidad aspira a tener éxito sobresaliente de manera integral, debe liberarse de ese sentimiento y transfórmalo en agradecimiento porque existen personas con estas características, quienes pueden utilizar esos recursos. El dinero y la riqueza surgen de algún lugar, muchas veces de empresas o negocios que generan valor a la sociedad, crean trabajos y muchos beneficios, por lo tanto gracias a que existen estas personas adineradas nuestra sociedad está mejor.

Siempre existen ingresos por actividades ilícitas, pero la inmensa mayoría de personas actúa dentro de la ley y de forma constructiva buscando algún tipo de bienestar para quienes usan su producto o servicio. Por lo tanto, el principio social que dicta "toda persona poseedora de algún tipo de riqueza tuvo que hacer algo malo para conseguirlo", se encuentra bastante lejos de la realidad. Quienes hacen fortunas ilegales o con actividades perjudiciales para otros, difícilmente logran MANTENER ese nivel de vida durante largos periodos de tiempo, al menos no con paz mental ni espiritual.

Entonces no se trata de cambiar el dinero por tranquilidad, o riqueza por salud. Se trata de lograr un equilibrio entre un sentimiento de progreso constante hacia un mejor estado en el futuro, manteniendo un buen nivel de paz interior y felicidad en el proceso. Es posible y en muchos casos necesario, trabajar duro unas semanas, a veces meses y esforzarse por encima de lo normal, para lograr un avance significativo. Pero si ese tiempo de esfuerzo comienza a prologarse y repetirse constantemente cada vez más, nos daremos cuenta que ya no se trata de un esfuerzo temporal, en realidad hemos comenzado a cambiar calidad de vida por dinero. ESFORZARSE está bien, pero no SACRIFICARSE.

Este punto de equilibrio a veces no es fácil de encontrar. Dependiendo de nuestra formación y capacidades podemos verlo fácilmente o podemos tener problemas definiendo los límites de lo que es un esfuerzo temporal, a tener una vida miserable todo el tiempo. Muchos de los grandes creadores han trabajado largas jornadas en sus talleres o laboratorios para sacar adelante su invención. Debido a su profundo deseo de hacerlo realidad y el amor por su trabajo estos esfuerzos les resultaban placenteros. De esta forma, no porque usted se está esforzando por hacer o tener algo está obligado a bajar su calidad de vida, recuerde, es usted quien se impone esta meta y es para usted mismo, no importa si hay otros implicados o beneficiarios, usted está usando lo único que tiene en su vida, su TIEMPO, así que mejor úselo sabiamente.

En mi concepto, el dinero y la riqueza no compran cosas materiales, grandes casas o autos de lujo, lo que verdaderamente compran es LIBERTAD para usar su TIEMPO y BIENESTAR para tener calidad de vida en el proceso. ¿No está convencido? Si su hijo tuviera una enfermedad de difícil tratamiento que preferiría, ¿ser rico o pobre?, o si quisiera viajar por el mundo, ¿preferiría vivir en una casa donde el barrio es seguro y costoso o barato y riesgoso?... Creo que es evidente que en todos estos casos tener riqueza es mejor a no tenerla y los ejemplos siguen y siguen. Usted podría pensar que en todos los casos están implicados bienes materiales y tendría razón, pero pronto notará que en el fondo ellos brindan algún tipo de bienestar, el cual usted puede disfrutar durante el tiempo que utiliza de manera más libre.

En ese mismo sentido, existe la creencia popular de que los ricos no hacen nada, que solo se sientan a disfrutar de su riqueza y en algunos casos es así, al menos por un periodo de tiempo, pero gran parte de esas personas adineradas, llegaron a serlo porque han prestado servicios o vendido productos a muchos otros. En general todos necesitamos mantenernos ocupados, produciendo soluciones o bienestar para otros, el trabajo es parte de la vida y si lo pensamos detenidamente es una de las cosas que nos dan sentido.

Todos estamos conectados y cada cosa que hacemos diariamente afecta nuestro entorno, en consecuencia cada vida influencia a otras, aunque no somos conscientes de ello, por lo tanto resulta verdaderamente difícil venir al mundo y pasar la vida sin producir nada de valor o beneficio para la humanidad o a sí mismo, sin dar bienestar a nadie. Toda vida tiene valor y no es posible decir que quizá hubiese sido igual o mejor si alguien nunca hubiera nacido o vivido. Todos los tipos de trabajo hacen bien a algo o a alguien, sin importar que tan pequeño parezca, si alguien no lo hiciera, muchos otros se verían afectados. Si algún trabajo incumple esa regla, simplemente no perdurará en el tiempo.

Otra creencia común es que para considerarse rico económicamente hablando, lo importante es tener muchas cosas, lo cual puede ser cierto en algunas ocasiones. Pero más importante aún es tener activos, cosas, negocios, actividades, etc., que generen ingresos pasivos recurrentes, es decir sin requerir trabajo directo, ojalá mensuales o diarios. Usted puede tener una finca de 1.000 hectáreas donde no cultiva nada, cuyo valor es de $100, sin embargo si va al banco seguramente no le prestarán aunque presente ese predio como garantía, pues a pesar de tener un activo valioso, no tiene flujo de caja mensual, es decir ingresos fijos de algún tipo que le permitan solventar los pagos del préstamo. Tendría que implementar un proyecto productivo que pueda ser capaz de realizar los pagos cada mes. Por el contrario, si usted es un empresario cultivador de naranjas y otros cítricos en una finca arrendada y lo único que es verdaderamente suyo (en términos de activos) son los cultivos, pero lleva años haciéndolo y sus cultivos se manejan de tal forma que generan ingresos por la venta de las cosechas cada mes, el banco verá en usted a un cliente más interesante que el caso anterior.

Ser rico es un estado mental, solo usted puede saberlo realmente, no importa si hoy en su cuenta bancaria no tiene nada de dinero, no importa si hoy no tiene activos que le produzcan, aún puede saber que es rico y que está en proceso de construir su imperio, enfocándose en el flujo de caja, es decir el dinero que entra cada mes o cada día. Siempre el flujo de caja es más importante que la valorización del predio o activo, aun cuando al final pueda resultar que gane más dinero con lo segundo. Tome decisiones basado en su flujo de dinero, si usted tiene una fuente de ingresos pasivos que genera ingresos mensualmente, usted puede estar en una mejor posición financiera que su vecino, quien si tiene dinero en su cuenta pero no tiene ninguna fuente de ingresos pasiva. Cuando digo pasiva quiero decir sin trabajar y cuando digo sin trabajar no quiero decir necesariamente sin hacer nada (aunque podría ser el caso), sino más bien sin hacer cosas que usted no querría hacer a menos que le pagaran por ello.

Este no es un libro de educación financiera, pero si realmente quiere tener éxito necesita entender de finanzas, no necesariamente ecuaciones avanzadas, muchos grandes empresarios utilizan únicamente las cuatro operaciones básicas (suma, resta, multiplicación y división), pero son maestros de funcionamiento de los números. En últimas es algo bastante sencillo: si usted se gasta más de lo que gana o de lo que le ingresa está en una situación insostenible, para lo cual hay básicamente dos soluciones: incrementar los ingresos, reducir los gastos o ambas. Esta es la parte donde se pone interesante, pues las posibilidades acá son infinitas y los resultados dependen, de su capacidad, conocimiento y creatividad entre otros factores importantes.

Recuerde, no se trata de cuánto gana, se trata de cuánto se queda con usted.

Si no le gustan las matemáticas, no tiene nada de qué preocuparse, siempre hay expertos que pueden ayudarle a lograr más y sentirse mejor teniendo menos contacto con el área que no le agrada. Sin embargo debo contarle mi caso personal. A pesar de mis calificaciones sobresalientes en estas áreas desde temprana edad, al llegar al bachillerato encontraba las materias numéricas muy aburridas, hasta un mágico día cuando un profesor de cálculo decidió colocar un elemento que cambio mi vida para siempre. En uno de sus ejercicios incluyó el signo "$" antes de los números. Mágicamente ahora lo único que debía hacer para encontrar el amor a los números, era colocar este símbolo (al menos mentalmente) y todo se volvía interesante para mí, aunque no parecía sencillo. Por ejemplo, ¿cómo aplicarlo a un problema de termodinámica sobre cambio de estados físicos en un termorreactor?, fácil, ¿cuánto le costaría a mi empresa escoger el líquido equivocado? A pesar de no tener empresas en este sector, solo imaginarme que algún día podría tenerlas hacía que la pregunta fuera suficiente para elevar mi concentración al máximo. No tiene que funcionar para usted, pero sí debe encontrar algo que lo motive a llevarse bien con los números, pueden ser su mayor aliado o peor pesadilla.

En la actualidad, utilizó todavía esta técnica para mantenerme motivado y sentirme a gusto.

El sentirse bien con el tipo de trabajo que desempeñamos no solo tiene que ver con el gusto por la actividad, tiene que ver con ser coherente con sus principios y creencias, incluida la parte espiritual. No importa en qué tipo de Dios o Poder Superior usted crea o cómo conciba este ser, lo importante es que su actuar y pensar sea coherente con sus creencias. De otra forma, esta contradicción le creará constantes conflictos internos que le impedirán ser verdaderamente feliz y exitoso.

Este aspecto podría ser uno de los más importantes y más comúnmente menospreciados. No se trata de ir a misa todos los domingos, aunque eso funciona para muchas personas, se trata de estar en paz y contacto con ese Ser Superior cada día en cada acto, pensar primero en su bienestar para servir a un propósito mayor. Si su meta es material encuentre primero cómo debe ser y cómo debe actuar, acorde con sus creencias en ese Poder Superior para que todo fluya hacia esa meta. Lo material no es malo, las cosas materiales están para servirnos, por lo tanto los ricos o pobres no son buenos o malos basados en sus posesiones materiales. La Biblia por ejemplo usa analogías y parábolas para explicar y transmitir su mensaje, pero no puede ser interpretada literalmente, no es un libro histórico de cuentos e historias, sino un texto lleno de simbolismos, parábolas y enseñanzas. Piénselo, si Dios es todo amor y quiere lo mejor para sus hijos (nosotros), ¿cómo puede crear un mundo tan maravilloso con tantas bondades y querer que no lo disfrutemos y aprovechemos al máximo, que vivamos en miseria y con menos de lo que podemos hacer, tener y ser? Creo que la mejor forma de honrar a nuestro Poder Superior es trabajar duro hacia nuestras metas, buscando hacer siempre lo mejor posible en nuestro trabajo y ocupación sin importar lo que sea, con los principios del bien frente a todo y todos. No importa qué religión practique y predique, en el fondo, ser y hacer el bien es universal. Recuerde no se trata de religión sino de espiritualidad, muchas veces van de la mano, pero no siempre se requieren mutuamente.

Ser rico no se trata solo de posesiones materiales. Muchas veces (si no todas) lo NO material es más importante. De hecho una medida interesante para determinar qué tan rico es usted podría darse enumerando las cosas que no vendería o cambiaría por dinero. Sus sentidos, por ejemplo. ¿Cuánto sería el precio adecuado por sus ojos y su capacidad de ver?, ¿cuál sería el valor de no volver a ver nunca más?, o por el contrario, ¿cuánto estaría dispuesto a pagar un invidente por poder ver?, ¿en cuánto vendería su salud?, ¿su familia? En fin… Aún si pierde todo su dinero, podría conservar lo que es verdaderamente valioso para usted y continuaría siendo rico. En ese escenario, solo debería volver a rehacer su fortuna, el conocimiento y capacidades que le permitieron hacerlo una vez permanecerán con usted y lo ayudaran a construir todo nuevamente.

La vida en sí misma está llena de cosas banales, asuntos insignificantes que toman importancia porque nosotros decidimos que la tienen. Sin darnos cuenta terminamos enfrascados en una vida donde nos acostamos cada noche a ver un *reality show* por horas donde solamente se nutre nuestro morbo y muy poco nuestra mente o corazón. Nuestras conversaciones del día giran en torno a tales simplezas dejando de un lado lo que realmente podría estarnos acercando a nuestras metas y sin darnos cuenta saboteando nuestro propio éxito. Una conversación en un pasillo puede ir enfocada a cosas fuera de nuestro control que poco o nada nos aportan, como el clima, si el día esta frío, caliente, nuboso, etc. Qué desperdicio de saliva este tipo de conversaciones, a decir verdad tal vez sería mejor el silencio a desperdiciar nuestro tiempo y esfuerzo en tales temas.

Si usted se encuentra realmente concentrado en sus metas y en atraer lo bueno a su vida, podría aprovechar esas conversaciones cortas para encontrar oportunidades, cuando le preguntan ¿cómo le ha ido? Usted puede aprovechar y contar lo bien que le ha ido y lo feliz que se siente. ¿No cree que eso le haría bien a usted y a la persona que está al frente suyo en ese momento?, tal vez lo motivaría a contarle algo de lo bueno que le está pasando a él o a ella también.

Muchas personas se abstienen de compartir sus ideas y proyectos con otros, a veces por pena o algún tipo de temor. Uno de los más comunes es la posibilidad a que esa persona "le robe la idea". La verdad es que muchas de nuestras grandes buenas nuevas ideas, no son tan grandes, ni tan nuevas y a veces ni siquiera son buenas. Compartirlas con otras personas de diferente nivel social, académico y cultural puede ayudar a madurarlas o enterrarlas en lo más profundo del olvido. No tiene que hacer caso de todo lo que todos le digan, pero sin duda, escuchar con mente abierta y convicción le servirá de una forma u otra.

Las noticias morbosas y negativas son atractivas, pues escandalizan por lo general y es fácil sentir empatía en una situación difícil y pueden parecer una forma más fácil de romper el hielo, pero las noticias positivas siempre son mejor recibidas y pueden cambiar una vida en un instante, su poder es infinitamente superior y debemos aprovecharlo.

El mundo es bueno o malo, como quiera verlo, tiene la razón. De hecho esto resulta determinante pues es fundamento para la filosofía de vida individual. ¿Vivimos en un mundo o universo amigable? Si usted piensa que la madre naturaleza es proveedora de todo, se sentirá de una forma en el campo en contacto directo con ella. Por otro lado sus sentimientos divergirán, si sus pensamientos se encaminan hacia el sentido opuesto, pensando que la naturaleza es salvaje, voraz y no tiene misericordia y al menor descuido, un animal o insecto puede cobrar su vida.

Puede que algunos estemos de acuerdo con parte de ambas respuestas, lo importante es, cuál es su propia respuesta. ¿Piensa usted que todos sus compañeros de trabajo son unos seres sin alma que le quitarán sus clientes a la menor oportunidad? o ¿considera que son un equipo que trabaja con un organismo único para el bienestar de todos?… Analizar estos dos ejemplos, nos permite darnos cuenta que hacer las preguntas correctas ayuda a encontrar respuestas correctas, pero nuevamente lo importante es cómo ve usted la vida y el mundo. ¿Amigable o despiadado?

Esa opinión de la vida y prácticamente de cada aspecto de la misma, está reforzada por prejuicios personales. Estos últimos son pensamientos y opiniones que se han venido formando consciente e inconscientemente, los cuales se disparan inmediatamente de manera automática frente a cosas y situaciones diarias mandándole señales al cerebro que le indican si algo es bueno o malo. Estos prejuicios son poderosos. Suponga que cuando usted era un bebé tuvo un gran susto al enfrentarse a una situación específica. En ese momento de stress, aún con una corta edad, el cerebro grabó todo los detalles que pudo, aromas, ambiente, temperatura, lugar, elementos, sonidos, cosas presentes, personas, etc., para en el futuro cuando estos se presenten advertir y proteger a la persona en una posible situación similar.

El problema radica en que hoy en día, años después de esa experiencia, usted seguramente no la recuerda conscientemente, pero cuando está en una situación en la cual aparece alguno de esos detonantes, su cerebro sigue enviando información sobre esa experiencia. Si eso ocurrió en un hospital, puede ser que usted no sepa por qué, pero simplemente ese lugar no le gusta y ese prejuicio le hace que cada vez que vaya a uno de ellos tenga una experiencia que no disfruta, reforzando cada vez mas eso que comenzó inconscientemente, dándole alimento y nutriéndolo con nuevas experiencias negativas para reforzarlo.

Lo bueno de esto es que el cerebro funciona como una máquina y es posible reprogramarlo. Existen técnicas psicológicas avanzadas ejecutadas por médicos que ayudan, pero en general la programación se hace día a día y es liderada por la persona que desea cambiar su forma de pensar para que le sirva para vivir mejor. Para poder corregir algo debemos primeros darnos cuenta que no está trabajando correctamente. Por lo tanto, una actitud de constante revisión de sus pensamientos personales y objetividad es necesaria. Un proceso de programación personal, consta de una mezcla de cambios de palabras, pensamientos y consecuentemente acciones.

Usted puede conscientemente cambiar su sentimiento de incomodidad frente a los hospitales a pesar de haber tenido repetidas experiencias donde haya reforzado la negatividad. Ahora deberá comenzar a crear experiencias positivas. Para ese ejemplo, puede pensar en todas las cosas positivas que aportan esos sitios, las vidas que salvan, así como las enfermedades que ayudan a tratar y puede llevar eso a su vida, siendo consiente de todas las cosas buenas que han hecho ellos por usted. Puede que haya algún dolor en el proceso, pero a la larga usted está mejor gracias a ellos y a su trabajo.

Piense también en todas las personas que trabajan allí. Como colocan sus habilidades, destrezas y conocimientos al servicio de usted cada vez que los visita, cuáles son sus propias limitaciones y retos.

Estos son solo algunos ejemplos que puede reforzar con frases positivas dichas cada vez antes y después de hacer frente al sitio o situación que se le dificulta, preparándose para tener una experiencia positiva. No hay ninguna norma que diga que usted debe odiar ni ser infeliz por algo o alguien, es usted mismo quien está reforzando esa creencia, por lo tanto es usted mismo el encargado de trabajar en ella.

Permítase VIVIR cada día su entorno y disfrutar de él. Con frecuencia pasamos por las calles de nuestras ciudades sin siquiera ver lo que tienen para ofrecernos, enfrascados en una vida donde no siempre disfrutamos lo que hacemos, lo cual resulta inaceptable. Debemos mantener una mente abierta, todos tenemos prejuicios, cosas que creemos ciertas sin cuestionar el porqué, y cuando llega algo o alguien que va en contra de nuestro paradigma podemos llegar a tomárnoslo muy personal. Debemos estar atentos a nuestra propia actitud y desarrollar una actitud en la cual cuestionamos nuestros propios pensamientos y revisamos nuestros sentimientos. Dese la oportunidad de no hablar de trivialidades negativas, como las quejas en el ascensor (o elevador) sobre el clima, y mejorar la calidad de TV digerida cada día, concéntrese en atraer lo bueno y convertir lo que está percibiendo como "malo" en positivo.

Para continuar en esa frecuencia de pensamientos y resultados positivos debe luchar contra uno de los enemigos más comunes de la sociedad moderna: El estrés. Nos enfrascamos profundamente en nuestras actividades y olvidamos ponerlas en perspectiva, al mismo tiempo la presión que ejercemos sobre nosotros mismos es tan alta, que se vuelve un obstáculo para nuestra felicidad diaria. Durante mucho tiempo pensé que los factores externos eran los causantes de la presión y el estrés, mis clientes exigentes, la alta calidad de los servicios prestados por mi equipo o cualquier otro aspecto. Pensaba que con cambiar de actividad eso desaparecería, que simplemente haciendo otra cosa diferente lo superaría. Pero a medida que experimentaba nuevas actividades en sectores completamente diferentes, el estrés me siguió a cada una de esas actividades, la presión no desapareció.

Me tomó un tiempo darme cuenta de lo que debía ser obvio para mí desde el principio: La calidad de vida no depende de lo que haga, sino de cómo lo haga. Parece evidente ahora que lo digo, pero cuando estamos tan enfrascados en sobrevivir y llevar la vida más que en vivirla y disfrutarla nos volvemos esclavos de nosotros mismos. Como ya hemos visto, realmente todas las metas son personales, somos nosotros quienes les damos valor, las actividades que realizamos diariamente para llegar a esas metas deben hacerse con calidad, no solo de la actividad misma sino, calidad de vida para cada uno de nosotros.

Recientemente se me contrató para dictar una conferencia en una zona costera de nuestro país, un evento de gran importancia para la región. Por supuesto el atuendo formal de traje y corbata era indispensable o al menos eso pensaba yo. Todas las demás personas también estaban bien vestidas, pero ninguno llevaba traje completo, por lo cual era claro que yo venía del interior del país. Ellos optaron por ropas igualmente formales pero más cómodas y adecuadas a las altas temperaturas costeras.

A medida que pasaba el evento, con grata sorpresa me reencontré con la cultura caribeña, donde tomar la vida sin tantas preocupaciones y agite es el diario vivir, donde el estrés se aleja de casi todos los aspectos de la vida; no por eso se comportan de manera irresponsable, ni mucho menos y logran los resultados que se proponen con alegría y tranquilidad. Qué gran ejemplo de calidad de vida, en general vivir bien es una prioridad en esta región, más importante que casi cualquier otra cosa. No digo que esta cultura sea perfecta, pero usted estará de acuerdo conmigo en que vivir tranquilo, alegre y sin estrés es algo que vale la pena mirar y considerar para aprender de ellos.

Ahora es claro, no importa que actividad realice, en cualquiera de ellas puedo ser igualmente feliz o infeliz dependiendo de cómo lo vea y como decida ejecutar esa labor. Recuerde manténgalo en perspectiva, aún los proyectos más grandes y ambiciosos de la humanidad son de magnitud infinitamente pequeña frente a la escala del universo.

¿Cómo mantener la perspectiva?, una técnica muy sencilla consiste en comparar nuestro problema, reto, proyecto, etc., con algo más grande, pero debe ser verdaderamente grande, de dimensiones cósmicas. Basta mirar al cielo en una noche estrellada para contemplar cientos de miles de ellas, planetas y constelaciones muchas de ellas están tan lejos que han muerto hace años y apenas hoy llega a nuestro planeta y a nuestros ojos, la luz que lleva cantidades enormes de tiempo viajando en el espacio. Un cálculo sencillo nos permite recordar nuestra verdadera dimensión: en nuestro planeta tierra somos más de 7.000 millones de personas. Al mismo tiempo caben más de un millón de planetas tierra en el área que ocupa nuestro sol, es decir más de un billón de millas de diámetro, sin embargo es considerado pequeño comparado con las monstruosas estrellas que existen. De hecho, la estrella más grande encontrada hasta el momento (nombre abreviado VY) es más de 1.000 millones de veces más grande que nuestro sol. Por lo tanto ¿qué tan grandes son realmente los problemas de unos seres tan insignificantes y pequeños como nosotros?

Igualmente en ese sentido, resulta útil para mantener una perspectiva clara o al menos balanceada de la importancia de las cosas, recordar que somos ANIMALES MORTALES. Realmente no importa lo que hagamos o dejemos de hacer, de esta vida no salimos vivos. No hay que ser fatalista, pero tener esto en mente, nos servirá de polo a tierra para mantenernos más cerca de un estado neutro, donde las situaciones no nos afectan tan profundamente. A la vez, ayuda a darle valor, a disfrutar la vida y a aprovecharla lo mejor posible.

No obstante, si no se está atento, fácilmente quedamos atrapados en la rutina, dando importancia a asuntos verdaderamente banales, la Oración de la Serenidad nos guía así: "Dios concédeme la serenidad para aceptar las cosas que no puedo cambiar, valor para cambiar aquellas que puedo y sabiduría para reconocer la diferencia" (podríamos reemplazar la palabra Dios por el nombre de un Poder Superior como quiera que cada uno lo conciba). A menudo nos enfrascamos en luchas, muchas de ellas mentales, por solucionar cosas que están más allá de nuestro alcance, algunas veces creemos que sí podemos generar impactos en áreas que realmente no es posible de la forma y dimensión que lo habíamos pensado.

Todo esto se convierte en desgaste y frustración por no ser capaces de reconocer "la diferencia" entre las cosas que puedo y no puedo cambiar. Prácticamente todas las mejoras personales, es decir al "mí mismo" son posibles, pero al mismo tiempo la única forma de generar impacto en otros, es mediante mis propios cambios. Pretender cambiar a otro es muy difícil, rozando en lo imposible. Lo que sí es posible, es cambiar mi forma de actuar y vivir, para que finalmente esos cambios que he realizado en mi vida se vean reflejados en otras personas.

Uno de los aspectos más importantes para ser una mujer o un hombre exitoso es lograr resultados. Para poder lograr resultados es importante que otras personas confíen en lo que decimos, pues nuestra palabra tiene valor. Es muy común encontrar personas que no valoran la verdad y mucho menos la palabra dada y esto va más allá de un simple aspecto ético o espiritual. Nadie quiere hacer negocios o interactuar con personas dobles a quienes no se les pueda confiar información u objetos, o quienes simplemente no son confiables pues dicen cosas que no hacen, siendo incoherentes entre su actuar y decir. Si no quiere comprometerse con algo, o si no cree que puede cumplir con un plazo, no lo diga o escriba, o puede optar por expresar abiertamente sus inquietudes sobre el acuerdo que se está haciendo.

Por ejemplo, suponga que su jefe le pide un reporte para un plazo de 24 horas, lo cual usted sabe no es posible de realizar en ese tiempo, pero no se siente capaz de decírselo. Por ello, opta simplemente por no tener listo el reporte a tiempo, acudiendo a excusas de índole externas como información, fallo en equipos o cualquier cosa. No solo quedará como un irresponsable, sino que fallará a su palabra y su jefe ahora sabrá que no puede confiar en usted, pues sus hechos no respaldan sus palabras. Su incapacidad para hablar en el momento adecuado le ha costado la confianza de su jefe. Si hubiera optado por un enfoque más valiente y profesional, como recordarle los requerimientos de información, extensión y calidad de los datos requeridos para pactar un plazo más adecuado, puede que la reacción inicial de su jefe no sea de alegría (aunque puede que sí) pero si usted lo argumenta con razones valederas y convicción, utilizando su capacidad de persuasión, reforzará su imagen en su superior y ganará respeto por querer hacer las cosas bien y más adelante cumplir con la calidad y plazo acordado en su reporte.

Cumplir lo que se dice debe ser el centro de atención cuando expresa algo, por lo tanto entenderá ahora que si su palabra tiene valor debe cuidar lo que dice. La primera vez que se me entrevistó para radio hace unos años lo hice de manera desprevenida, respondiendo a las preguntas sin darme cuenta de las posibles implicaciones de las mismas, a los pocos días al escuchar mis propias respuestas, no podía creer lo que yo mismo había dicho, tantos errores y frases sueltas en tan pocos minutos, lo cual me llevó a mejorar mi forma de manejar las entrevistas y por ende mi forma de hablar y responder.

Ahora me tomo un tiempo antes de responder a cada pregunta, pensando en el contexto y posible audiencia que recibirá el contenido para llegarles con ideas más claras y certeras. No importa si usted realiza entrevistas o no, es un ejercicio que le permitirá estar atento a sus propias respuestas. Cuando alguien le pregunte algo, en su mente asuma que muchas otras personas están escuchando, quizás hasta viéndolo por televisión, de esta forma será más cuidadoso en la calidad de respuestas que da y los compromisos que adquiere.

Si se compromete con algo que creía podía llevar a feliz término, pero más adelante se da cuenta que no puede cumplir, esfuércese por cumplirlo, busque ayuda si es necesario, invierta tiempo, recursos y esfuerzos para dar valor al cumplimiento de su palabra, si aun así, no lo va a lograr a tiempo, hable con los implicados de manera responsable, poniendo la cara y haciendo frente a las posible consecuencias antes del vencimiento de la fecha pactada. Aunque le cueste dinero o esfuerzos adicionales haga todo y un poco más para cumplir. Se sorprenderá como las cosas se solucionan más fácilmente, cuando usted está dispuesto a hacer lo que haya que hacer para sacar algo adelante, muchas veces a un menor costo de lo que se hubiera imaginado.

La palabra dada vale más que cualquier cosa material. Es una de esas cosas que no se compran con dinero aunque mantenerla si puede requerirlo. Usted puede tener un BUEN contrato con alguien irresponsable que no valora sus compromisos y muy probablemente su experiencia será negativa. Sin embargo puede tener un acuerdo firmado en servilleta con quien valora su palabra y de todas formas honrará su compromiso. Su palabra tiene más valor que cualquier documento firmado o bien material entregado en garantía.

De alguna forma estamos desarrollando una cultura en la que pasamos de callar por prudencia a permanecer en silencio por tontos. Una cultura del secretismo donde misteriosamente es mejor permanecer en silencio a expresar abiertamente lo que ocurre para poner sobre la mesa una situación y analizar claramente cada aspecto. Estamos tan acostumbrados a no decir lo que ocurre que llevamos esto a nuestra vida profesional. Si bien es cierto hay que dar un manejo adecuado, debemos ser capaces de expresar lo que pasa con respeto y profesionalismo, basándonos en argumentos más que en sentimientos, aunque estos últimos también tienen su espacio.

¿Vivir o ahorrar?

Quién podría discutir con el argumento que abona las bondades de tener algún dinero ahorrado, tanto para el caso de una situación difícil como para una oportunidad de hacer algo. Pero una cosa es tener ahorrado algo de dinero con ese fin y otra es no vivir la vida por ahorrar o guardar dinero sin fines claros, solo por el interés de acumularlo.

Una vida balanceada requiere prestar atención a todos los aspectos del ser: espiritual, emocional, afectivo, económico, salud y demás. Y todos ellos requieren utilizar recursos para desarrollarlos, tales como tiempo, dinero y esfuerzo.

Si bien es cierto el ahorro es una herramienta que puede ser sana, puede convertirse en una daga que uno mismo clava en su cuerpo. Si se concentra DEMASIADO en ahorrar puede desarrollar una mentalidad de escasez, donde su mente no trabaja en función de mejorar su calidad de vida, sino de gastar menos, aspectos que no siempre resultan compatibles.

Ahorre con mentalidad de abundancia. Supongamos que uno de sus sueños es vacacionar en las Bahamas, para cumplir ese sueño usted quiere comprar una acción en un *resort* que le permitirá ir cada año con su familia. Digamos que esa acción cuesta $100, aún si no puede verlo, usted tiene varias opciones para comprarla. Por un lado, puede pensar en ahorrar el dinero, lo cual dependiendo de sus ingresos le puede tomar varios años, con el ya mencionado riesgo de nunca poder comprarla porque a medida que pasa el tiempo gasta el dinero en otras cosas.

Otra opción es ahorrar una parte y buscar un préstamo para el resto del dinero, lo cual parece más astuto. Le permite acceder más rápidamente a su sueño, con un costo adicional de los intereses. Otra posibilidad sería con ese mismo dinero ahorrado y un valor de crédito similar acceder a un activo o negocio que le genere excedentes que paguen por sus vacaciones, o podría negociar con familiares o amigos para comprar conjuntamente, en fin…las opciones son casi ilimitadas.

Dependiendo de su capacidad, formación y conocimiento, unas resultarán más atractivas y viables que otras. Para quien está acostumbrado a trabajar duro sin apalancamiento financiero, todo lo que tenga que ver con créditos o productos financieros le parecerá inviable. Para unos tendrá más sentido una opción mientras que otros verán que otra es la mejor para ellos. Finalmente ninguna respuesta es una llave universal capaz de servir a todas las personas. Lo importante de esto es analizar varias opciones para ahorrar o invertir con mentalidad de abundancia.

En este caso usted quiere un sueño que le genera gastos y no rendimientos. A menos que encuentre la forma de revertir esta situación. Digamos por ejemplo, montar un negocio de alquiler de motos acuáticas en ese destino, el cual pague por sus gastos, o una inversión en finca raíz o cualquier otro. En muchos casos tener algún dinero ahorrado resulta útil para emprender casi cualquier iniciativa, pero pocas veces no tener ese dinero se puede considerar una excusa válida para no llevarlo a cabo, el mundo está LLENO, o mejor permítame ponerlo de otra forma, está REPLETO de dinero y riqueza así como de formas de acceder a ellas. Lo que frecuentemente falta no es ese capital semilla, sino inteligencia aplicada, sagacidad y conocimiento, sumados a un poquito de valor (el suficiente para vencer sus propios miedos basta).

Casi todos tenemos sueños o aspiraciones en diferentes áreas de nuestra vida, pero pocas veces nos detenemos a revisar esos sueños. En muchos casos, lograr lo que aspiramos en lugar de traernos beneficios, resultará perjudicial para nosotros mismos.

¿Sabía que existen empresas especializadas en ayudar a las personas a comprar el negocio de sus sueños?, usted establece un presupuesto y les cuenta su sueño, que puede ser prácticamente cualquier negocio existente. Ellos buscan opciones (normalmente tres) en ese presupuesto y se las presentan. Algunas de las empresas más exitosas, invitan a estos prospectos de sueños a pasar un día de trabajo normal en el sitio que están analizando, para que por un día hagan lo que sería su trabajo en su propio negocio de ahí en adelante. Uno esperaría que todo sea como un cuento de hadas, donde finalmente al tener ese sueño al alcance de la mano las personas sean verdaderamente felices, pero muchas veces esta experiencia solo genera desilusión, ya que las personas se dan cuenta que en vez de ser más felices, ese cambio en su vida por el cual han estado trabajando, solo los hará infelices.

¿Todavía no está convencido? Lo invito a que se tome el tiempo de visitar o pasear por su sueño. Frecuentemente es más fácil de lo que parece, si usted añora un vehículo de lujo, llame al concesionario y reserve una cita para una prueba de conducción *(test drive)*. Si es una casa, un yate, un trabajo, una ocupación o cualquier cosa, no solo véalo, sino también tóquelo, siéntalo, vívalo por un día, puede que se termine de convencer de su sueño o tal vez note como había idealizado todo en su mente y que eso no es realmente lo que usted quiere.

Los sueños son buenos, nos ayudan a aspirar a mejorar, pero no podemos volvernos esclavos de ellos. Si no somos felices ahora, ese sueño no necesariamente nos ayudará a serlo en el futuro. Así que preste atención a sus sueños, no los de por sentados. Simule en la vida real, no solo en su mente ese estilo de vida al que aspira y dese la oportunidad de cuestionar su propio pensamiento. Puede que el sueño que ha rondado en su cabeza durante mucho tiempo no sea el más adecuado para usted, aunque el caso puede ser opuesto, tenga el valor de cuestionarlo.

Este no es un proceso de una única vez. Debe repetirse con alguna frecuencia con intervalos de tiempo. Como se ha visto es importante mantenerse enfocados, pero a veces hay que revisar ese enfoque para hacer ajustes necesarios. No tiene sentido enfocarse toda la vida en algo equivocado y no darnos la oportunidad de revisarlo. Usted puede hacer casi cualquier cosa. Sé por experiencia propia que el decirle a alguien que no puede hacer algo, puede resultar un incentivo poderoso para enfocarlo en demostrar lo contrario, pero lo cierto es que todos tenemos limitaciones, muchas de las cuales son dinámicas en el tiempo.

Hay cosas que usted no puede hacer hoy, pero en algún tiempo o en determinadas circunstancias sí podrá hacerlo. Su trabajo es tratar de encontrar esas limitaciones, analizando cuáles valen el esfuerzo y son viables para trabajar en ellas y dejar de insistir en las que usted considera que su esfuerzo para cambiarlas, resulta demasiado alto con respecto al beneficio obtenido.

No todos podemos ser atletas de velocidad. Es posible que físicamente y anatómicamente los humanos seamos aptos para correr a relativamente altas velocidades, pero no todos tenemos la disciplina, determinación mental, dedicación, amor por el entrenamiento y muchos otros requerimientos para hacerlo.

Puede parecer que esto va en contra de todo lo que se nos enseña desde niños, cuando se nos dice que "podemos ser lo que queramos"…pero no del todo. Realmente "podemos ser lo que queramos", pero debemos QUERERLO. Si usted ama correr y trabaja para ellos casi con toda seguridad podrá hacerlo a nivel competitivo. Pero si tiene problemas de rodillas y su sueño es ser campeón mundial de los 100 m, tal vez deba enfocarse en el placer de correr y no en el premio, lo cual le permitirá ser feliz, aunque nunca llegue a ser campeón mundial.

Con esto no quiero decir que debemos conformarnos con menos, sino más bien, que nuestros sueños nos deben ayudar a ser felices en el proceso. Si solo hay un campeón por año y el tiempo de vida de la carrera deportiva promedio de un atleta de talla olímpica es de 8 años, solo tiene ocho posibilidades de ganar (o menos dependiendo de la frecuencia de las competencias). Al mismo tiempo si hay 100.000 atletas con ese sueño, durante el mismo lapso de tiempo, en la misma disciplina, claramente habría muchos atletas infelices si todos se concentran SOLO en ganar. En cambio si lo hacen por el placer de competir y entrenar, aunque el comité olímpico decidiera no entregar medallas ni reconocimientos, muchos deportistas seguirían motivados en su deporte.

La valía de un ser humano no debe medirse por sus logros o posesiones, sino por su capacidad de dar amor. Parece muy romántico, pero si entendemos ese amor como "hacer bien a mí mismo y a otros", rápidamente se vuelve algo más tangible. En ese sentido podemos encontrar valor en todas las personas y actividades independientemente de la educación, capacidad económica y demás.

Ese sentido de igualdad nos lleva a soñar con un mundo donde "todos somos iguales": quizás somos parecidos, pero no iguales. "Si un hombre puede hacer algo otro puede hacerlo"[1], debería convertirse en "si un hombre está dispuesto a hacer lo que se requiere, puede hacer lo mismo que otro hombre". No hay demasiado romance en esta idea, si usted desea levantar 100 Kg de peso en barra de pecho, será mejor que entrene y podrá hacerlo. De lo contrario puede soñar con ello todos los días, pero no pasará.

Para que este último personaje sea feliz, debe disfrutar el proceso que lo llevará a levantar ese peso. Debe llenarse de razones para que se sientan bien dedicando el tiempo y esfuerzo necesario, de lo contrario, aunque logre levantar ese peso, su sensación de disfrute será pasajera y su felicidad banal.

QUEREMOS triunfar, soñamos y añoramos lo que no tenemos o no podemos hacer, así que emprendemos acciones para acercarnos a estos sueños. A veces las cosas salen bien, pero a veces no se dan como hubiésemos querido. El hecho de hacer y emprender tiene gran valor, pero no lograr los resultados esperados también lo tiene. No interesa realmente si somos lo suficientemente objetivos para determinar cómo eso nos ayudará, sin embargo, todo lo que nos pasa, bueno o malo, al final siempre es bueno para nosotros.

Es como la alimentación. Cada vez que comemos algo es asimilado por nuestro organismo y nos fortalece, no importa si el sabor, olor o textura fue de nuestro agrado, si fue amargo o ácido, igualmente

---

[1] Charles Morse the Edge 1997: What one man can do, another can do.

nuestro cuerpo hará su proceso natural para aprovechar todo lo que pueda de este alimento.

En gran parte el éxito de la especie humana se da por su capacidad de adaptación al cambio y a las situaciones difíciles. La capacidad de salir adelante en la adversidad nos hace humanos sobrevivientes, de tal forma, cuando algo parezca difícil de llevar, el sabio tiempo nos dará las herramientas para aprovechar esa situación para nuestro crecimiento.

Hay muy pocas situaciones en la vida que cabrían con facilidad en la categoría de terrible. "El clima está terrible" popularmente se escucha. Preguntémonos, si para esa persona unos grados más o menos son terribles, cómo será para él o ella perder a un familiar querido, o un brazo, o la capacidad de ver…

Usted podría perder la vista, a su ser más querido y hasta uno de sus miembros, todo en un lapso de tiempo corto y pese a ello sentirse feliz de estar con vida, de poder tener todos sus demás sentidos intactos, de vivir en una civilización social donde estamos rodeados de personas y de muchas otras cosas que SÍ tiene y puede disfrutar. Enfocándose en lo que SÍ tenemos podemos ser más felices.

No haga de estas herramientas, necesidades. No cambie la naturaleza de las cosas en su mente para su propio perjuicio, utilice su mente a su favor, cada persona tiene una capacidad enorme de manipular sus propios pensamientos. De tal forma resulta evidente, que es inteligente aprovechar dicha capacidad a nuestro favor.

Triunfar, como hemos visto, es un estado que tiene lugar en la mente de cada persona y aprender a disfrutar el proceso es al mismo tiempo, aprender a disfrutar la vida. No se trata de DAR la vida a cambio de un logro, sino de aprovechar la vida caminando hacia los logros que queremos. Si no llegamos a esa meta, podremos ser igualmente felices y sentirnos igualmente exitosos pues nos habremos superado a nosotros mismos, sin proponérnoslo y sin que sea nuestra meta existencial habremos dejado atrás a miles que no pudieron tener la determinación para ser y hacer lo que nosotros sí.

CAPÍTULO 4

Vender o matar

Este capítulo se denomina "Vender o matar", pues pareciera, en el fondo que esas son las únicas dos opciones. O aprende a vender su propio YO, su propuesta de valor, sus esperanzas o asesina sus sueños. No se trata exclusivamente de capacidades de venta en general, sino capacidad de influenciar, manipular, trabajar, etc. para obtener un resultado.

Los resultados de su vida son su responsabilidad, no de alguien más, solamente ¡SUYA! Por lo tanto debe tomar las riendas de las acciones que emprende para hacer realidad esos sueños.

Así como todos no hemos nacido para ser empleados, no todos hemos nacido para ser empresarios, pero en cualquier sector en el que se desempeñe, la capacidad para VENDER será una de las más importantes.

La venta o proceso de venta, puede llegar a ser un arte, es un proceso que se perfecciona consciente e inconscientemente y se puede aprender y enseñar como cualquier otra habilidad. Sin embargo no pretendo darle una clase de ventas, sino algunas guías que podrían ayudarle en su vida a mejorar su situación actual y lograr las metas que se ha trazado.

No todos somos buenos vendedores innatos y ciertamente muchos preferirían no vender nada en su vida, pero la capacidad de vender va más allá de lograr que alguien compre algo, se trata realmente de la capacidad de influir en otros para lograr acciones. Esta última descripción suena muy parecida a la definición de MANIPULAR, lo cual en gran parte de los hogares se ha enseñado como una práctica impura y mala por naturaleza; el diccionario la define como: "Influir a una persona o intervenir en un asunto de forma maliciosa y poco honesta para conseguir un fin determinado"[2] o "Controlar la conducta de una persona impidiendo que actúe con libertad"[3]. Al mismo tiempo PERSUADIR se define como "Conseguir mediante razones que una persona piense de una manera determinada o que haga cierta cosa".

De tal forma, pareciera que al retirar la maldad y el actuar en contra de la libertad de la definición de MANIPULAR, ya no estaríamos haciéndolo y solo estaríamos PERSUADIENDO. No obstante, dado

---

[2]   Diccionario de Farlex http://es.thefreedictionary.com/
[3]   Diccionario de Farlex http://es.thefreedictionary.com/

que el objetivo es incentivarlo a actuar y avanzar en su vida hacia sus logros, he decidido utilizar el término que transmite una sensación de acción más clara y directa.

Así, de ahora en adelante utilizaremos "MANIPULAR" pues implica acciones activas para lograr un objetivo, entendiendo que lo hacemos con el fin de obtener resultados POSITIVOS. Será usted y su ética personal quien determine, cuáles resultados espera obtener y cómo eso le hace bien, tanto a quien toma la decisión de hacer lo propuesto por usted, como a usted mismo.

Todo el tiempo estamos persuadiendo y manipulando así no nos demos cuenta. Cuando un niño no quiere comer sus verduras y un adulto busca formas para lograr que lo haga, está usando estas capacidades y ejerciendo acciones para lograr su cometido. Cuando la esposa o esposo busca formas para convencer a su pareja de remodelar la casa o de instalar una mesa de billar, también utiliza la manipulación y persuasión. Si lo hace bien, quien toma la decisión lo hará tranquilamente y sentirá que es la mejor decisión, de lo contrario se sentirá MANIPULADO (negativamente) y tratará de colocar barreras para que no afecten su capacidad de decisión.

Para vender exitosamente se debe aprender a manipular (persuadir). Persuadir a otros o a usted mismo para que hagan o dejen de hacer cosas es una capacidad que bien vale la pena desarrollar. Lograr de una forma u otra suministrar información, presentarla de determinada manera o cualquier estrategia imaginable, para llevar a la persona a sentir que ha tomado una buena decisión, al decidir lo que usted quiere, es como se ha dicho anteriormente casi un arte. Como diría la muy conocida frase de origen griego, popularizada por Stan Lee en El Hombre Araña "Un gran poder conlleva una gran responsabilidad".

Para lograr vender algo, SIEMPRE se necesita HACER algo. Puede parecer evidente, pero por alguna razón, en general las personas no obtienen lo que quieren porque no HACEN o dejan de hacer cosas para alcanzar ese éxito o meta. No se ofrecen para hacer algo porque temen fracasar o ser humillados o perder algo o alguien que creen tener seguro (a).

Como veremos en el próximo capítulo, con más frecuencia de la que estamos dispuestos a aceptar, El MIEDO rige nuestras vidas. Ahora, cuando el hombre siente miedo y se entrena a situaciones difíciles, ¿en manos de quién coloca todo?, probablemente en alguien o algo más grande que el mismo. Muchas veces encomendamos todo a nuestro Poder Superior, a nuestro DIOS como quiera que cada uno lo conciba, lo cual nos da paz mental, reposo y la seguridad de que alguien/algo todo poderoso nos cuida y vela por nosotros.

El dilema religioso se escapa del objetivo de este escrito, pero he traído el tema, pues esa paz y confianza absoluta en ese Poder Superior en muchos casos lleva a la persona a un estado de inactividad, pues cree que como ha colocado todo en manos de ese Poder Superior ahora, él o ella no deben hacer nada. Esa falta de actividad es precisamente la que no nos permite VENDER o ACTUAR cuando se requiere.

Supongamos que usted es soltero y vive en un apartamento disfrutando de su soltería. Al mismo tiempo es una persona completamente creyente, por lo tanto le pide a DIOS que la ropa que dejó sucia, tirada en el piso de habitación esté lavada, planchada y ordenada en su clóset (guardarropa) para la hora de su regreso. Si bien es cierto, pueden darse hechos que lleven a que esto "mágicamente" ocurra, como la visita de una madre, novia, vecina o duende bondadoso, quienes se apiaden de este "pobre" soltero, lo más probable es que su ropa esté en el mismo lugar donde la dejó antes de irse, solo que en un estado aún más deplorable. Este es un ejemplo evidente y sencillo de la vida diaria, pero esto mismo ocurre con todo tipo de cosas que pedimos a nuestro Poder Superior, encomendamos todo en sus manos, pero no hacemos nada para hacer eso realidad. Es cierto que él o ella nos cuidan y proveen, pero debemos hacer nuestra parte para dejarlo actuar en nuestra vida.

Ahora, por el contrario suponga que usted sueña con tener cierto cargo, en cierta empresa, por el cual ha estado pidiendo cada noche y precisamente HOY han abierto una convocatoria para esa posición y debe enviar la hoja de vida antes de cierta hora. Usted tiene dos opciones, confiar en que DIOS entrará a su correo electrónico y lo hará por usted a tiempo o ACTUAR y tomarse el tiempo de revisar el documento, redactar una carta, hacer una presentación atractiva y asegurarse que sea enviada a tiempo, con una posible llamada de confirmación de recepción a la empresa. Durante ese proceso de redacción de la información que va a enviar puede encomendar sus capacidades a su Poder Superior, para que ilumine sus palabras y sea esa mente infinita de conocimiento, quien escriba a través suyo.

En este último ejemplo usted continuará VENDIENDO y ACTUANDO, pero al mismo tiempo vinculará todos sus valores y creencias para poner todo en veras de lograr su objetivo.

Realmente no importa si consigue su trabajo soñado o no. El ACTUAR consecuentemente con él, lo puso más cerca de hacerlo realidad. Tal vez sus capacidades de VENTA y el factor DIOS, estén de acuerdo y lo logre, tal vez no, pero sea cual sea la respuesta, debe ser consciente del proceso de causa/consecuencia.

Todos tenemos limitaciones, sin embargo, esto es algo que nos cuesta entender y aceptar. En mi opinión, debido a que crecimos pensando que somos "todo poderosos" y nuestras capacidades nos pueden "llevar a donde quiera que queramos", reforzado con la educación infantil donde frases como: "tú puedes ser lo que quieras ser", nos llenaron de ilusiones. Sin embargo en la vida real es posible que a pesar de lo que usted haga, nunca logré ese éxito o sueño, tal cual como lo aspira hoy. Puede lograr algo mejor a lo que esperaba en un principio, pero quizás diferente y más apropiado para su propia felicidad. Es importante recordarlo porque puede que ese sueño al que aspiraba en un primer lugar, no fuera adecuado para usted sus capacidades y características. De alguna forma "mágica" todo parecerá indicarle su camino, pero debe estar atento a escuchar y a leer las señales para ajustar la mira de sus metas.

No obstante, el trabajo duro y la determinación, combinadas con el amor hacia algo son herramientas por lo general suficientemente poderosas como para vencer casi cualquier obstáculo. Hay infinidad de historias de las cuales estoy seguro usted debe conocer varias, casi increíbles de personas que de tener menos de cero posibilidades de hacer o lograr algo, contra todo pronóstico lo han hecho. Todo a pulso, con trabajo y determinación. Desde lejos puede parecer solo suerte, pero frecuentemente es suerte ganada, suerte que ha seguido un esfuerzo y determinación de quienes la recibieron y ACTUARON hacia ese sueño.

Necesitamos VENDER, hacer llegar nuestro mensaje y objetivos, concentrarnos en vender y en ganar las capacidades necesarias para hacerlo mejor. Es lógico que si usted es un empresario, no es necesario que usted sea el vendedor de productos puerta a puerta, puede contratar a personas con más experiencia que hagan ese trabajo tal vez mejor que usted, pero si debe ser usted el VENDEDOR de su empresa, quien mantiene en momentum o ímpetu de todos trabajando en la dirección requerida y con los lineamientos establecidos.

Uno de los enormes problemas actuales que se interpone en el camino hacia el éxito, consiste en el enfoque hacia la compra en la sociedad actual, todos los días estamos siendo bombardeados por todo tipo de información, de incontable cantidad de empresas, productos, gobiernos y personas que desean vendernos algo, logrando colocar nuestros cerebros en modo compra, no en modo venta. Ellos tratan de manipularnos y nosotros felizmente lo permitimos, ellos SÍ están haciendo el trabajo que usted debería estar haciendo.

Hace unos años un amigo quien trabajaba como asesor de una empresa de planeación financiera, compartió conmigo su portafolio de servicios. Al terminar en una conversación más informal me confesó que mientras él me hacía ciertas preguntas de evaluación en una corta entrevista, no solo había determinado mi perfil de riesgo, sino también me había clasificado en mi grupo de metas de ¡éxito!, lo cual me causó una inmensa curiosidad y pronto me revelaría lo que más tarde en mi vida sería evidente de todas formas.

Las personas de nuestra sociedad tienen cierto tipo de sueños, los cuales se pueden agrupar rápidamente. Hay quienes quieren viajar por el mundo y conocer ciertos sitios, hay quienes quieren tener casa, carro y beca, otros solo se interesan por garantizar el futuro de sus hijos, otros donde el trabajo y un cargo lo es todo, otros a los cuales hacer crecer su propia empresa es su objetivo y algunos más. En ese momento se hizo evidente que nuestra sociedad es consumista al punto de enfocar TODA una vida de alguien hacia la COMPRA de un objeto, producto o servicio.

Eso es algo que no se digiere fácilmente, pero cuando revise su sueño todos los componentes se hacen evidentes. Si su sueño es tener un auto de alta gama y trabaja todos los días para hacerlo, no necesito escribir una palabra más pues usted es su propio ejemplo de un enfoque de COMPRA.

Cambiar ese enfoque de COMPRA sin cambiar de sueño en teoría es sencillo, pero necesitará cambiar todo su modelo de vida para hacerlo. De esta forma, al menos en teoría, yo escribo "de ahora en adelante tendrá en su vida un enfoque de VENTA, no de compra" y todo debería comenzar a pasar "mágicamente" pero todos sabemos que no es así. Necesita pensar a cada momento, en cada instante y situación de su vida, como puede utilizar eso que está pasando a su favor y crear oportunidades para VENDER (sea lo que sea).

La venta necesita oportunidades para poder hacerse. Si actualmente no ve estas oportunidades, o cree que no se están dando como usted quisiera, quizás es momento de comenzar a prestar más atención a su alrededor. Vivimos tan ocupados pensando y planeando, viviendo en nuestra mente y al mismo tiempo dejando pasar el mundo REAL y con él, ignorando las oportunidades diarias que se presentan casi a cada momento. Si usted quiere una novia, pero trabaja desde casa y nunca sale a actividades sociales, no tiene amigos, ni espacios donde conozca nuevas personas, es mejor que comience a desarrollar actividades sociales o a practicar deportes, comprar o adoptar un perro, salir a pasear con otras personas y frecuentar un parque con el fin de realizar ciertas actividades comunes con otras personas.

Busque actividades que le gusten donde pueda conocer personas con intereses afines a los suyos. También puede optar por el enfoque tecnológico y buscar comunidades online, citas virtuales y muchas otras cosas, pero deberá HACER y cambiar su enfoque a VENDER su producto, en este caso todas sus capacidades y valores para encontrar una pareja.

Enfocarse en vender, más que comprar y estar atento a los vacíos y oportunidades que la vida diaria presentan, se puede volver algo muy entretenido y rápidamente ofrece frutos, claro con algunos posibles fracasos en el proceso, pero ya se irá percatando por su propia experiencia que la línea recta hacia el éxito no existe. Esa ruta parece más un serpenteante camino de montaña en ascenso con frecuentes caídas, tropiezos y algunos retornos.

En prácticamente TODO hay oportunidades y puede parecer muy genérico, pero mire a su alrededor, verá decenas, tal vez hasta cientos de productos y servicios. Para crearlos, empresas y personas han trabajado, pensado, desarrollado alguna actividad o prestando un servicio. Cada una de estos objetos, ha tenido un costo, alguien ha hecho algo, quizás muchas cosas para que todo esté como usted lo ve hoy, aún en ambientes naturales donde la mano del hombre no parece evidente a primera vista.

Ahora que es consciente de lo evidente y a medida que cultiva esta capacidad de detectar oportunidades, es posible que se sienta impaciente, pues ahora ve cada vez más claro que hay potencial para hacer negocios, mejorar, oportunidades en todas partes, pero no se deje agobiar. Si se permite prestar atención a TODAS esas oportunidades puede nuevamente resultar paralizado por encontrar abrumadora esa cantidad de posibilidades.

Si logra llegar a sentirse así, habrá tenido éxito en convertirse en un experto en detectar oportunidades. Ahora el nuevo reto está en concentrarse en un grupo pequeño de las más llamativas y continuar depurando hasta encontrar una opción/oportunidad en la cual trabajar. No tiene que ser "la mejor idea" ni "la mejor oportunidad", el proceso de llegar a concluir que esa es la mejor puede resultar muy desgastante y agobiante. Igualmente en caso de no funcionar, usted creerá equivocadamente que no tuvo éxito en "su mejor idea" cuando realmente no existe tal cosa.

Una "gran" idea, sin una gran ejecución, no producirá los resultados esperados. Para lograr obtener valor de la idea, se requiere concretarse en un proceso productivo, pese a ello no debemos ser tan autoexigentes, simplemente no tiene sentido hacerlo. Siempre hay problemas, limitaciones y errores, es parte del proceso de aprendizaje y desarrollo.

Para vender esa idea, hay que estar preparado, al menos parcialmente, para ser rechazado, es inevitable, por muy bueno que sea su "juego" (capacidad de venta) siempre habrán rechazos, e incomodidad. Esto es especialmente duro cuando se trata de su proyecto personal, o si usted ha dedicado gran cantidad de tiempo y esfuerzo, donde esa idea es como un hijo pequeño. Si realmente desea ser exitoso, deberá aprender a ser rechazado sin que esto destruya su alegría diaria, debe ser casi un "juego" para encontrar ese SÍ que tanto añora. Por lo cual resulta útil cambiar la metáfora del hijo pequeño por un pequeño molde de arcilla que necesita ser moldeado muchas veces para eventualmente ser una bella obra de arte.

Durante esta búsqueda, deberá compartir con otros el proceso. Somos seres sociales por naturaleza y es posible que al principio sea sensible a comentarios de otros, pero con el tiempo aprenderá a compartir sueños, ideas, metas, logros y se hará más fácil recibir críticas, aportes y comentarios que hoy le resultan dolorosos. Sus tiempos de recuperación después de un rechazo o crítica negativa poco a poco deberán ir disminuyendo, hasta convertirse en segundos y hasta milisegundos. En el próximo capítulo trataremos este tema con más profundidad.

No siempre podrá vender cosas con las cuales esté completamente de acuerdo, pero deberá aprender a dominar y manipular (persuadir) sus propios pensamientos. Las incoherencias que habitan en su mente, se reflejan en sus palabras y actitud sea consciente o no de ello. Una herramienta útil para esto es la autoconversación, se trata de preguntarse y contestarse usted mismo una serie de preguntas sobre sus dudas. Esta conversación tendrá lugar en su mente, libre de cualquier estigma social sobre sus respuestas. Por lo cual pueden ser completamente sinceras, crudas y sin filtro social, esto le ayudará a identificar los aspectos de su producto o propuesta que no encajan completamente.

Recuerde al ingeniero de la petrolera de capítulos anteriores, quien si así lo decide, puede encontrar coherencia en su actuar basado en los aspectos positivos de su trabajo. Pero no se permita ser holgazán con sus propias respuestas, indague en ellas y pregúntese porqué se siente de cierta forma frente a ciertas respuestas. Es común encontrar cómo lo que pensamos que nos molestaba, no es más que una consecuencia de una razón de fondo verdadera. Encontrar este fondo puede requerir esfuerzo pues estamos acostumbrados a cuidar nuestras palabras en un entorno social y se ha vuelto una costumbre que forma parte de nosotros. Sea lo más sincero posible con usted mismo, así obtendrá mejores respuestas.

Como ya hemos visto, el bien más preciado de cada uno de nosotros es el tiempo, es un bien escaso, que a cada instante aumenta su valor para cada uno de nosotros pues cada vez tenemos menos de él y realmente no importa qué hagamos, no tenemos cómo COMPRAR con ningún medio más de él. Podemos pagar por ciertas expansiones cortas, como medicamentos y cuidados, pero el porcentaje de nosotros que superará los 110 años de edad es prácticamente nulo.

Siempre aproveche su tiempo en actividades capaces de generar valor y bienestar para usted. Al mismo tiempo ayude a los demás a hacer lo propio, no desperdicie su tiempo ni el de los demás. De esta forma, los valores de puntualidad y cumplimiento se han de convertir en dos pilares en el desarrollo de su vida. Si bien es cierto estar a tiempo denota respeto por el otro y valor por la palabra entre otras cosas, el entregar un poco ANTES de tiempo lo prometido normalmente aumenta el valor de su propuesta. Claro, esto tiene excepciones y no puede ser generalizado sin pensar, si usted pide un almuerzo a domicilio para la 1:00 p.m. y el gerente de ese establecimiento ha leído este libro y quiere darle valor a su propuesta, así que lo envía a las 11:00 a.m. para estar ANTES, evidentemente le ha restado valor a su producto y propuesta pues la temperatura y presentación estará disminuida por ese adelanto. Pero en otros casos como entrega de informes, trabajos por contrato entre otros normalmente entregar antes de la fecha y hora límite denota profesionalismo y cumplimiento.

Igualmente nótese que se ha dicho "un poco ANTES", si se hace "bastante ANTES" suele restar valor a la propuesta, por considerarse que el trabajo era sencillo o que en la propuesta al acordar condiciones y plazos, se pactó alto demasiado alto. Un carpintero escribe en su contrato 12 días para la ejecución e instalación, pero para impresionar a su cliente contrata cinco veces más personal y lo hace en 2 días trabajando 24 horas diarias, es probable que el cliente dude de la calidad, del precio y otras cosas, no valorando su esfuerzo adicional.

Atrévase a pensar en grande y colocar en perspectiva su trabajo, pensar en grande de manera abundante siempre es mejor que pensar en escasez. Pero atención, piense en grande pero acepte y valore su proceso y estado personal. No porque alguien gana $XXX.XXX y usted una fracción de eso, lo hace a usted menos valioso, simplemente usted ACTUALMENTE está generando menos impacto en el mundo y ayudando a solucionar menos necesidades y por lo tanto como consecuencia, se le están retribuyendo menos recursos por esto.

Piense en grande pero con los pies bien puestos en su lugar actual, para poder trazar un camino y un plan que lo lleve paso a paso a ese lugar grandioso donde desea estar. Es antinatural sentirse mal por ser pequeño, un cachorro de oso no se queja ni deprime por ser pequeño y porque su propio padre oso, quien está en lo más alto de la cadena alimenticia, en un día de hambre se lo devoraría sin pensarlo, si su madre no intercede y lo defiende. El osezno solo va aprendiendo un día a la vez, a estar atento, a seguir a su madre, jugar, comer y crecer para poco a poco, transformarse en ese poderoso oso de 700 Kg que quiere ser.

Usted puede vivir sus sueños, pero hay que HACER y VENDER, en un proceso personal para poder ver crecer ese gran oso interior.

CAPÍTULO 5

Más riesgo para mí, ¡por favor!

La primera vez que diligencié una encuesta de evaluación de riesgo en una entidad para inversiones financieras, con el fin de determinar las características de mi perfil y seleccionar los productos financieros más adecuados para mí, los resultados salieron como inversionista tradicional, no afín a productos de alto riesgo y por ende procedieron a recomendarme un portafolio tradicional, de bajo riesgo y aburrido. Sin embargo de manera contradictoria, mi portafolio real incluía productos de alta volatilidad y por ende riesgo, como acciones de compañías emergentes entre otras. No es precisamente que el resultado estuviera errado, sino más bien que las preguntas en el *test* trataban de determinar si las decisiones eran tomadas de manera racional o emocional. Es decir que los resultados realmente decían que se trata de un inversionista racional, pero era interpretado por la empresa como tradicional y no atraído por inversiones riesgosas, lo cual no es necesariamente consecuencia de lo anterior.

El riesgo y el peligro son personales. Relativos a cada persona y situación específica y dependen de muchos factores. El riesgo está ligado a la incertidumbre de los resultados, no sabemos cómo va a evolucionar determinada situación y por lo tanto, no sabemos qué va a pasar en el futuro y cómo eso nos va a afectar positiva o negativamente. El peligro se da cuando el resultado de esa situación es potencialmente dañino. Permítame profundizar esta diferencia con un ejemplo:

Pensemos en una persona ubicada de pie al borde de un risco de 700 m de altura quien está considerando saltar al vacío sin protección ni aparatos de ningún tipo. Usted puede preguntarse si se trata de una situación riesgosa. En mi opinión no existe riesgo alguno, el resultado es claro y certero, si salta, caerá al abismo y MORIRÁ, por lo tanto es válido asignarle a esta actividad el más alto grado de PELIGRO. Concluyendo en una actividad peligrosa pero no riesgosa.

Por otro lado, si se trata de un experto en salto base con Ala Delta, completamente equipado, quien ha estudiado los vientos locales, tiene datos históricos de climatología entre otras cosas, podríamos decir que es una situación de bajo riesgo o quizá medio, pues es muy probable que todo salga bien y al final del día vuelva a casa sin un rasguño y con una historia que contar. De todas formas no hay que desconocer que la situación continúa siendo PELIGROSA en algún grado, ya que algo podría fallar y generar un accidente con resultados negativos de algún tipo.

Finalmente si el sujeto que intenta esta hazaña soy YO, quien nunca ha volado en Ala Delta, quien desconoce el comportamiento de los vientos y jamás ha realizado salto base, ahora el factor de riesgo y de peligro se incrementan nuevamente, pues la cantidad de componentes que intervienen y que tienen resultado incierto se disparan.

El riesgo y el peligro no van necesariamente ligados. Muchos hemos notado cómo reacciona nuestra mente y cuerpo frente a situaciones particulares de riesgo o peligro. La dilatación de la pupila, aumento del ritmo cardiaco, generación de adrenalina y agudización de los sentidos, son algunos de los signos más representativos. A veces se confunde con estrés, pero la mayoría de las veces es solo MIEDO.

El miedo es el resultado de un mecanismo de defensa de los humanos, el cual nos permite proyectar escenarios en el futuro, visionar en nuestra mente cosas que no han pasado aún y en general nos prepara para huir o correr. Sin embargo como vimos en capítulos anteriores, nos hemos acostumbrado a dar más importancia de la necesaria a las actividades cotidianas y a tener una actitud negativa frente al proceso, que terminamos creando situaciones donde el miedo se interpone en decisiones normales de nuestra vida diaria.

El objetivo debería ser reducir el riesgo incrementando conocimiento, capacidades, estrategias y muchos otros aspectos, pero lo que ha tomado fuerza en nuestra vida es el MIEDO y él es imaginario. Así que para poder trabajar en reducir riesgo, primero debemos manejar el MIEDO.

En un estado de comodidad, donde nos sentimos seguros, el miedo no se hace presente, pero tan pronto nos acercamos a un lugar o situación que no es familiar, así como a una actividad nueva, las alertas de riesgo se activan y el miedo comienza a actuar. Puede que no haya riesgo real para nuestra salud en hacer una presentación en público frente a cientos de personas, sin embargo, el miedo escénico es bastante frecuente. En la mente de la persona que lo padece, muchas cosas pueden salir mal, puede creer que va a ser humillado, sentirse atemorizado por lo que puedan pensar los otros, o considerar entre otras ideas, que lo va a estropear todo. De alguna forma y frecuentemente sin darnos cuenta, le permitimos a todos esos pensamientos apoderarse de nosotros y convencernos de lo peligrosa que es la situación en la cual nos encontramos.

En mi experiencia, nuestros miedos se dan principalmente porque tememos perder algo que creemos tener fijo o seguro. En el caso de la persona del párrafo anterior, puede creer tener el respeto del auditorio y teme perderlo, al mismo tiempo teme a las "nefastas" consecuencias (imaginarias) que eso puede traer para su vida, puede llegar a imaginarse que ahora nadie le va a querer contratar, que puede perder su trabajo y va a pasar necesidades por la falta de ingresos y así sucesivamente. Esto se da principalmente por dos razones: su creencia o ilusión de seguridad inicial y su enorme capacidad de magnificar en su mente una situación sin poner freno oportuno a ello.

Puede que en realidad nadie note su nerviosismo en la charla o que las personas no le den importancia o por el contrario, puede que haya sido un desastre y todos piensen que en verdad es un mal ponente. Sea cual fuese el caso, difícilmente las consecuencias llegan a los extremos a los cuales su imaginación pudo llevarlos y aún si fuese así, esa nueva situación por mala que fuese, difícilmente tendría un impacto negativo significativo en la vida de nuestro personaje.

Este último hecho fue demostrado en recientes estudios sobre la felicidad, los cuales midieron niveles de felicidad de personas un año después de haber experimentado situaciones especialmente favorables o desfavorables, demostrando que el impacto positivo y negativo de lo que nos pasa en la vida diaria, a la larga, prácticamente no nos afectan. Por ejemplo, una persona es en promedio igualmente feliz un año después de haber ganado la lotería por varios millones de dólares a una que ha perdido un brazo en un accidente de tránsito. Obviamente si la pregunta se hace un par de horas después de ocurrido el hecho, las respuestas resultan más obvias. Sorprendentemente, con el paso del tiempo encontramos la forma de adaptarnos y eso que un año atrás fue importante hoy ya no lo es tanto.

El miedo no se va a ir, debe lidiar con él e intentar desarrollar estrategias que le funcionen a USTED, para dominarlo. En este capítulo y a lo largo del libro encontrará propuestas que han resultado efectivas en otros casos, pero deberá probar y experimentar, para determinar cuáles de ellas funcionan mejor para su caso y encontrar otras nuevas que pudieran servirle.

El miedo nos acompaña pasivamente en la vida diaria, está en el fondo de nuestra mente. Si nos fijamos es fácil verlo cada día. Por ejemplo, yo paseo diariamente en las mañanas a mi mascota, se trata de una perrita bullterrier adulta, una raza que he descrito como imponente de apariencia pero noble de corazón. Nuestra ruta varía cada día, llevándome por diferentes áreas y barrios de la ciudad. El miedo a los mitos existentes sobre esta raza, hacen que cada día tengamos encuentros de todo tipo, algunas personas se acercan a juguetear y a consentir al perro; en otros casos, personas curiosas preguntan sobre la raza y sus características, pero casi siempre vemos una reacción de miedo, personas que vienen sobre la misma acera en sentido contrario y al vernos de repente deciden cambiar de andén, o alzan en brazos a sus niños, inclusive he visto a algunos refugiarse detrás de plantas o edificaciones. En una oportunidad vi salir corriendo a una persona "huyendo" de nosotros, sin que el perro o alguien hayan hecho el más mínimo gesto o siquiera, hubiera notado su presencia.

En la actualidad disfruto todas estas situaciones, soy consciente de que esas personas están siendo incapaces de vencer un miedo infundado y dejan que ese temor dirija su vida. Al principio, esto me causaba molestia, hasta me sentía un poco ofendido. Después de un tiempo decidí liberarme de ese sentimiento y hoy en día tratamos de ser "embajadores de paz animal", ahora, cuando alguien, a pesar del temor que pudiera tener por los prejuicios en su mente, pregunta sobre la raza o muestra una actitud de interés propio o hacia los niños que lo acompañan, con Sakara (nombre de la bullterrier), hacemos una secuencia de ejercicios de entrenamiento animal, permitiendo que niños de escasa edad tengan la oportunidad de dar instrucciones y ver como el perro responde a sus órdenes, ahí, frecuentemente podemos ver ese cambio mágico, como ese miedo, pasa a ser admiración y cariño; como ese niño y padre que solo hace unos instantes sentían temor hacia el cuadrúpedo, ahora sienten afecto, lo acarician y a veces hasta lo besan, realmente puede ser así de fácil pasar del miedo a la curiosidad y la admiración, con valentía, solo decidiéndolo y tomando la iniciativa.

El miedo nos mantiene lejos de peligros pero también de oportunidades, da inseguridad y nos paraliza cuando deberíamos actuar, tal vez porque estamos demasiado concentrados valorando la importancia de los posibles escenarios que podrían surgir de cada situación.

Vivimos dando demasiada importancia a lo que pasa cada día. Un amigo hace unos años cuando me vio preocupado por una situación por la cual estaba pasando me dijo "¡tranquilo! en cinco o diez años usted no va a recordar nada de esto, ni siquiera recordará que estaba acá, ni que estaba pensando todo lo que está pensado", en la actualidad el único detalle importante que recuerdo de esa situación, es esa frase y enseñanza maestra que él me regalo ese día.

Trate de poner todo en perspectiva. Comparar con otras cosas "peores" o de mayor impacto es una herramienta que lo ayudará a darse cuenta de lo obvio. Usted es un privilegiado y está MUCHO mejor que miles o millones de personas. No se trata de darse palmaditas en la espalda intentando engañarse a usted mismo, se trata de abrir los ojos a la realidad.

Si usted acaba de perder su empleo, no importa la cantidad de compromisos y obligaciones que crea que no va a poder cumplir, de hecho usted podría perder todos sus bienes materiales y posesiones y aun así seguiría siendo afortunado. Si es su salud la afectada, podría tener una enfermedad terminal y aun así hacer una lista de varias hojas de todas las bendiciones y bondades de las cuales goza mientras muchos otros no, o quizás sus preocupaciones son por su familia o seres queridos, a quienes espera darles cierto bienestar, en fin, la lista podría ser inagotable.

Tal vez cree que todo esto es suyo, lo ha ganado, trabajado, se ha esforzado por cultivarlo y le pertenece, por lo tanto teme perderlo, pero la verdad es que todas las cosas listadas anteriormente las perderá incvitablemente. No importa lo que usted haga su padres morirán, sus hijos crecerán, su salud se deteriorara y eventualmente morirá, momento en el cual todos los bienes materiales pierden uso o validez, por lo tanto todo lo material también lo perderá. Nada de eso que llama suyo, realmente le pertenece, hoy está a su nombre y mañana a nombre de otro. Estoy seguro esto no es completamente nuevo, pero su temor a perder esto YA, cambia todos los pensamientos respecto al YO posesivo.

El miedo depende de la incertidumbre generada por el riesgo, usted no sabe realmente qué va a ocurrir después y por lo tanto desconoce las consecuencias, pero teme que sean NEGATIVAS. Pero nuevamente, algo solo es bueno o malo según se le vea. Puede pensar que es malo perder un brazo en un accidente y seguramente si hiciéramos una encuesta y usted pudiera, elegiría permanecer con todos sus miembros operativos en óptimas condiciones, pero si usted se visualiza, a la larga encontrará soluciones para vivir con este nuevo modelo, superar limitaciones y sentirse feliz completamente adaptado a su nueva figura. Puede que a veces lo extrañe, pero podrá vivir sin él y ser feliz sin él, con el paso del tiempo verá que no es tan malo después de todo, eventualmente puede hasta le alegre que haya pasado, pues es capaz de ver su nueva vida gracias a este "infortunio" y valorará que ha podido conservar su vida y TODAS las bendiciones en ella.

Permítase hacer este ejercicio en su mente, imagine que hoy pierde un miembro, quizás su brazo más útil, permítase sentir el dolor, la rabia, el rechazo, quizás hasta la depresión y luego poco a poco visualice cómo sería su vida, los problemas y retos que enfrentaría. Seguidamente empiece a pasar los días mentalmente y piense en soluciones para esos problemas, ideas para nuevas actividades, amigos, etc. Vea cómo evoluciona con el paso del tiempo y cómo puede ser feliz y vivir feliz. Al hacer este ejercicio, puede que todavía prefiera conservar su brazo, pero el miedo a perderlo sea menor o quizás nulo, si da valor a todo lo demás, usted estará bien, no importa lo que pase y esa es la verdad.

No lo puedo ilusionar, el miedo no es fácil de vencer, pero sí de controlar, domar y timar. Es fácil reemplazar el miedo por asombro y curiosidad, lo cual veo comúnmente con los niños, en su comportamiento hacia los animales. Un niño puede ver un enorme animal en un zoológico y su primer instinto podría ser sentir miedo y refugiarse en sus padres, sin embargo, al mostrarle como las manos, pies, cuerpo, nariz de este ser son diferentes a los nuestros, indicándole cuáles son sus características y retos para sobrevivir, cómo pasa el día, cómo caza y vive, rápidamente ese niño tímido se transforma en un investigador ávido y habremos aprovechado el interés que el miedo introdujo para ayudar a ese niño a aprender algo nuevo y llegar a querer el motivo original de su miedo, que ahora es percibido como un bello animal.

Posiblemente la siguiente vez que el niño vea el animal sienta menos miedo, ahora su mente tiene más información y es capaz de determinar si el animal está sano, si la piel se ve bien, si está caminando y comiendo correctamente, pasando cada vez más rápidamente del miedo a la admiración, puede que algún día ese miedo ya no esté, pero es posible que siempre esté latente en el fondo de su mente, no bastante cuando ese niño sea un hombre, será capaz de pararse frente a este animal con calma y si así lo quisiera podría hasta dedicar su vida a cuidar de su especie. El miedo no tiene por qué decirnos lo que podemos o no hacer, solo lo hará si se lo permitimos, somos dueños de nuestra mente y de nuestros pensamientos y debemos actuar en consecuencia.

Cuando pensamos en "todo" lo malo que nos puede ocurrir, de alguna forma misteriosa, todo parece seguir ese orden de ideas y nuestros pensamientos negativos se comienzan a materializar poco a poco. Si creemos todo saldrá mal, es probable que así sea. El pensamiento es una herramienta poderosa y puede ser manipulado a conveniencia nuestra, no somos necesariamente dueños de nuestros sentimientos, pero si somos dueños de nuestros pensamientos, y estos últimos inciden e influencian fuertemente a los primeros.

La importancia de "pensar bien" y estar vigilante en nuestros pensamientos, tratando de vincular buenos pensamientos es un trabajo consciente e inconsciente. La mente inconsciente se alimenta de todas nuestras experiencias, vivencias y pensamientos diarios entre otras cosas y con esa información moldea nuestro actuar y dispara pensamientos más rápidamente en busca de esa coherencia con esa información. De tal forma que debemos "alimentar" nuestra mente con información útil. Un espacio interesante es el de entretenimiento, especialmente el audiovisual que se recibe por pantallas. Por un lado está la televisión y el cine, mientras por otro se encuentran los computadores y *tablets,* entre otros.

En cualquiera de los casos podemos escoger el contenido que vamos a "digerir". Puede que una telenovela en la noche parezca inofensiva, pero las decenas y hasta cientos de horas que dedicamos a este tipo de contenido siembran semillas de cierto tipo de comportamiento y vivencias. Creemos que nuestra madurez y principios son tan fuertes como para ver cualquier tipo de contenido y colocarlo en su lugar, todos sabemos que se trata de actores quienes siguen un guión, el cual se adapta para ganar audiencia, pero ese contenido que parece tan poco relevante es realmente el alimento que le estamos dando a nuestra mente cada día.

Para los escépticos existe una demostración rápida y sencilla. Pregúntese cómo duerme después de ver una buena película de terror, una de esas que da miedo de ¡verdad! ¿Se siente tranquilo al apagar la luz?, a veces ¿le cuesta conciliar el sueño y recurre a estrategias como ver dibujos animados para tratar de cambiar los pensamientos que rondan por su mente? Solo debe respondérselo a usted mismo. Nuevamente, usted sabe que se trata de una película, que son recreaciones ficticias, sin embargo se sienten muy reales y su mente no puede realmente distinguir si se trata de realidad o ficción. Una estrategia utilizada para generar mayor impacto en este tipo de películas es la inclusión de una frase clave "basada en una historia real", sea o no fidedigno el contenido con la historia en la cual se basó no tiene importancia en este momento, lo importante es ver cómo el hecho de decirle al consumidor, que lo proyectado en esa cinta "de verdad pasó" engaña la mente aún más e incrementa el impacto de las imágenes.

No se trata necesariamente de dejar de consumir el contenido que usted prefiere, ni de criticar un género de televisión sobre otro, simplemente se trata de presentar esta situación para invitar al lector a consumir más contenido valioso para él, el cual lo encamine hacia su sueño, le aporte algún tipo de conocimiento o habilidad nueva o profundice en áreas que ya conoce positivamente.

La ilusión del control

Al principio de este libro se habló sobre la importancia de tomar control de su vida y los resultados positivos de esta práctica, no obstante debo advertirle sobre la "ilusión de control".

El control que podemos ejercer sobre nuestra vida, es más bien una serie de acciones y decisiones para actuar y prever un mundo sobre el cual NO TENEMOS CONTROL. No se trata de una contradicción de lo expuesto anteriormente, sino una expansión de concepto. Usted puede elegir una ruta en la mañana para ir a su trabajo, pero no tiene control sobre el clima del día, puede ver las predicciones del clima y planear acorde a ello aumentando su sensación de control.

Usted puede leer el folleto de seguridad de un avión, tomar un curso de primeros auxilios y hasta ser un médico de emergencias, para saber cómo actuar en caso de un accidente, pero mientras está sentado en su silla en medio de un vuelo, realmente no tiene control sobre casi nada de la aeronave, depende de otras personas y factores impredecibles, con resultados inesperados, lo cual nos genera incertidumbre, seguida de situaciones de riesgo y por lo tanto miedo.

De esta forma, el aceptar control sobre nuestra vidas de la toma de acciones para incrementar nuestra sensación de control y dirección, también nos ayudan a disminuir el miedo. Así todo parece bien, con el único problema de poder generar exceso de seguridad o exceso de sentido de control, lo cual es común de observar en nuestra especie.

Creemos que conocemos el genoma humano, creemos conocer el cuerpo humano, las ciencias naturales, la física, química y demás, estamos convencidos de que solo nos falta tiempo y esfuerzo pero eventualmente podremos conocerlo y controlarlo TODO, pero no se engañe, la complejidad del mundo nos demuestra que usted y yo no tenemos realmente control sobre casi NADA. Un científico aeroespacial trataría de diferir sobre este argumento indicando que el diseña, construye y opera sus naves logrando misiones con precisión de milisegundos y nanómetros de exactitud, seguro y confiado de su conocimiento y capacidad para ejecutar, pero ese mismo científico puede resbalarse en la ducha y morir una mañana cualquiera sin previo aviso o quizá atragantarse con un alimento que le cueste la vida. Así su sensación de control es limitada y parcial y en el fondo no opera sobre lo que realmente importa.

La seguridad es una ilusión, así como lo es el control, sin embargo no podríamos vivir tranquilos aceptando nuestras propias limitaciones, ¿o sí? ¿Qué pasaría si simplemente nada de lo que hacemos realmente importa? Ahora otro científico quien trabaja en una cura para el cáncer refutaría que su trabajo es realmente importante pues salvaría millones de vidas. Pero ¿para qué salvar esas vidas?, ¿en este momento el humanitario argumentaría que la vida de un humano es lo más importante?, pero ¿realmente lo es?, o hemos creado una serie de mitos alrededor de nuestras vidas, para justificar nuestra propia existencia.

Dependiendo del área del conocimiento que analice, cada uno tendrá una explicación para la vida, incluyendo las religiones, pero al final, desde un punto completamente racional, debemos entender que nuestras vidas como tal ¡NO TIENEN SENTIDO!, ¡SUPÉRELO!

Realmente ese es nuestro trabajo, darle sentido a la vida. La vida de cada uno de nosotros tiene el sentido que NOSOTROS QUERAMOS DARLE. Si alguien quiere ser payaso profesional y llevar sonrisas a los niños, ese será su sentido de vida y es igual de valioso o de inútil si así se quiere, de quien diseña un robot para ir a Marte o salvar vidas. Al final NO IMPORTA REALMENTE.

¡NO IMPORTA!

Tómese unos segundos para digerirlo.

No pretendo deprimirlo, sino todo lo contrario, motivarlo, si la vida no tiene realmente sentido predeterminado, a qué vienen todos esos miedos, si usted no tiene éxito y cree que decepciona a todos, ¡QUÉ IMPORTA! En 2000 años probablemente NADIE, sí NADIE, sabrá que usted existió, es inclusive probable que a este paso, ningún humano exista dentro de ese tiempo...

En una película hace algún tiempo, los protagonistas eran un par de enamorados, cuyo sueño era vivir alejados de la sociedad, disfrutando de la naturaleza y morir tranquilos, allí, sin que nadie supiera jamás de su existencia. Contrario a lo que muchos aspiramos, ser recordados para siempre, dejar una obra útil y eterna, algo que sin nuestra ayuda o aporte no hubiera sido posible. Al final con el implacable paso del tiempo, aún los "grandes" hombres y mujeres pierden importancia, ¿por qué no liberarnos de esa presión?

Podemos aspirar a dejar un legado que sea acorde a nuestras aspiraciones y proyecto de vida, pero el saber que al final no importa lo que hagamos, aceptar nuestra naturaleza mortal, nos libera de una presión enorme, quita o aminora los miedos al fracaso y curiosamente esa liberación nos encamina hacia la realización de nuestros sueños.

Véalo como una herramienta hacia el éxito. Usted no TIENE que hacer nada. Muchas de sus responsabilidades son inventadas o creadas por usted mismo. Así es, evidentemente es USTED mismo quien decide hacer o no algo, y por lo tanto, quien toma las riendas de su destino, por decisión propia. USTED decide darle un sentido a su vida desempeñando una tarea, actividad o profesión. Ahora sabe que todas hacen la misma diferencia: NINGUNA DIFERENCIA. Barrendero, cineasta, profeta, científico, ingeniero, profesor, etc., en ese sentido somos iguales.

Ahora, si nada tiene sentido, ni hace ninguna diferencia, ¿para qué hacemos algo? En mi opinión en principio es sentido de supervivencia. Si no se trabaja no hay ingresos y por lo tanto no se puede sobrevivir sin techo o alimentación. Pero ¿por qué seguimos trabajando y esforzándonos incluso cuando tenemos nuestras necesidades básicas satisfechas? ¿Será posible que hayamos inventado nuevas necesidades para dar sentido a nuestra vida? ¿Usted necesita un carro? ¡Sí claro!, para llevar los niños al colegio e ir a trabajar, pero ¿realmente lo necesita?, ¿es una necesidad o un accesorio que le brinda bienestar? Seguramente puede encontrar otras soluciones para esa "necesidad" del vehículo, pero estamos tan acostumbrados a estas comodidades y accesorios de "bienestar" que en muchos casos no podemos imaginar nuestra vida sin ellos. Nuevamente permítase hacer el ejercicio de desprendimiento, mediante el cual se imagina que pierde todo lo que cree que necesita y logra ser feliz sin ello.

Es probable que muchas de esos accesorios realmente le den bienestar y mejoren su calidad de vida, pero también es posible que lo único que están haciendo sea sumando a esa interminable lista de necesidades inventadas y cosas que teme perder. En el fondo como humanos, necesitamos muy poco para sobrevivir y vivir, pero nos negamos a vivir en un estado "tan bajo" de bienestar y esperamos elevar nuestra existencia y trascender de algún modo, llenándonos de miedos y cosas innecesarias en el proceso.

Un empresario de restaurantes muy cercano, solía decir que si él quebrara económicamente y perdiera todo lo que posee, con una libra de carne se levantaría de nuevo para reconstruirlo todo. Su convicción es tal que es evidente que realmente lo cree, nunca le ha hecho falta pues sus decisiones han sido fructíferas y su progreso seguro. Ese miedo a fracasar no estaba presente en las decisiones, pero sí un deseo enorme de triunfar, de salir adelante y continuar creciendo como

101

persona y económicamente. No ha jugado a "no perder", sino "a ganar" y son actitudes completamente distintas.

Curiosamente, los miedos pueden ser usados, como motivación. Si usted tuvo una infancia dura y ahora se encuentra en una situación cómoda donde ha dejado atrás esas dificultades, puede sentir miedo a perder lo que tiene y volver a vivir esas situaciones nuevamente, puede que no se permita perder el miedo, pues ahora tiene miedo a perder el miedo a esa situación, pues cree, que ese miedo es el que lo ha traído hasta donde está. En ese caso ese miedo ha sido un factor de éxito y sin él seguramente no hubiese salido adelante, pero ahora se interpone en su felicidad, pues cada decisión que toma está ligada a ese miedo, teme invertir o comprar algo nuevo pues si lo hace y se equivoca cree que podría revivir la situación dolorosa. Nuevamente, no se trata de eliminar sus miedos, sino de dominarlos o al menos timarlos o engañarlos, recuerde que todo pasa en nuestra mente y hemos sido nosotros mismos quienes los hemos creado. Permítase reemplazar ese temor a perder, por el deseo de ganar.

Esta situación es MUY común en familias, que con su trabajo y esfuerzo han ascendido en el escalafón social y con el paso de los años han logrado mejorar su estatus económico y sienten que están teniendo éxito, pero vivieron años duros, donde el dinero y las alegrías eran más escasos. Todos tratamos de estar mejor y a medida que logramos avanzar sabemos el esfuerzo entregado para ese progreso, a veces creemos que se debe a situaciones y oportunidades únicas, que no se repetirán, por lo tanto no pueden permitirse equivocarse ahora y arruinarlo todo. Ese tipo de pensamientos generan una presión enorme sobre los involucrados, con consecuencias de disminución en la calidad de vida e incremento de sus miedos y como resultado, estrés, angustias y preocupaciones.

Sí, es cierto, hay oportunidades únicas en la vida, como ganar la lotería, ser seleccionado para viajar al espacio, ver un evento estelar que solo se presenta cada 400 años, entre otros. Pero en general, la vida está llena de oportunidades que van y vienen. En mi experiencia, he comprobado que si dejamos ir algo que creíamos MUY especial y único no encontraremos un reemplazo u otra oportunidad similar, en general siempre hay otro día y otra oportunidad, aunque no se trata de la misma, habrá otra equivalente en bienestar y satisfacción.

Recuerde que muchas de estas oportunidades y sueños por los cuales usted trabaja actualmente, no son adecuados para usted, AÚN SI TODAVÍA NO LO VE.

No se trata necesariamente de algo metafísico, sino más bien de nuestra capacidad imaginativa. Por ejemplo, imaginamos que si lográramos duplicar nuestros ingresos, seríamos más felices y todo estaría bien, y ese no es el caso; de hecho, amigos cercanos han multiplicado sus ingresos por un factor de 16 en plazos de tan solo 5 años y no necesariamente son más felices ahora. Imagine ganar en 5 años, dieciséis veces lo que se gana hoy, con el mismo esfuerzo, ¿cree usted que sería más feliz? La respuesta para TODOS los casos es, no realmente. Ahora se puede permitir un automóvil más lujoso y una casa más grande, lo cual está muy bien, pero no es ese el factor determinante para la felicidad, aún si supera los miedos a perder eso que ahora posee, notará que la felicidad va más allá de los bienes materiales.

Un factor determinante en los resultados de sus iniciativas y proyectos, es la actitud hacia los mismos. Si usted invierte en un negocio y planea todo de tal forma que "no pierda dinero", es probable que aún si todo es muy favorable, su éxito sea limitado. Sin embargo si hace la misma inversión, buscando maximizar sus beneficios y al mismo tiempo teniendo control sobre las cosas que podrían salir mal, por ende limitando sus posibilidades de perdidas, es bastante probable que las cosas se den mucho mejor. Es decir que si juega a ganar tiene más posibilidades de llegar a ganar que si juega a no perder.

El rumbo que ha decidido darle a su vida, debe tener sentido, para USTED y nadie más. Para el resto de la humanidad no tiene por qué tener sentido lo que usted hace o deja de hacer con su tiempo y recursos. Quizá la única excepción válida, pero no mandatoria, es la persona con la cual decide compartir su vida, su esposa (o), cónyuge, novia (o), etc., pues esto podría llevar a frecuentes dificultades en casa por diferencias en ese sentido. Si usted decide ser biólogo y estudiar cierto tipo de ave, que solo vive en determinado lugar y es físicamente fea, quizás horrible para todos, pero para usted es el ser más increíble de la faz de la tierra, es su trabajo encontrar la forma de tener calidad de vida en el proceso, al final a nadie le importa usted, ni lo que usted haga, recuérdelo.

Si usted anda a pie, en un carro chatarra o en un último modelo, puede que otros encuentren interesante chismear o conversar sobre su vida, pero a nadie realmente le importa. Si usted muere hoy en medio de su investigación de aves, o en medio de su trabajo, algunos sentirán su ausencia y otros no, pero en pocos meses y a veces tan solo días todo seguirá como si nada. ¿No lo cree? Tómese unas vacaciones y haga un viaje de más de 30 días a cualquier lugar, no es imposible solo requiere organizarse, quizá ahorrar, anímese, le sorprenderá, lo poco que realmente lo necesitan en su trabajo al volver, sus clientes encontrarán soluciones con otras personas, empresas o actividad, su familia lo hará igual, sé que no suena bonito, pero al final usted y yo no somos tan importantes como creemos, nadie es imprescindible, libérese.

Pero esa es una de las mejores noticias existentes, quiere decir que realmente puede dedicar su vida a hacer algo que le haga feliz, quizás aporte algo a la sociedad en el proceso, quizás cree o modele algo, tal vez destruya para construir, haga lo que quiera, no importan lo que otros digan, al final solo le importa a usted.

Si por curiosidad indaga entre sus amigos y familiares sobre el sentido de la vida y los miedos de cada persona, es probable encontrar múltiples respuestas, algunas de ellas será posible agruparla por gustos e iniciativas, sin embargo es probable que ninguna sea igual o parecida a la suya y eso no impide que se lleven bien, que se quieran o compartan tiempo juntos, simplemente su forma de pensar y actuar frente a su vivencia es diferente. Esas respuestas son de carácter individual, pero también cambian con el paso del tiempo. Debemos recordar que somos seres dinámicos, y nuestros conocimientos, capacidades, intereses, metas, aspiraciones, edad y situaciones evolucionan, por lo tanto, también sucede lo mismo con nuestra forma de ver y actuar en la vida.

La vida es inherentemente riesgosa, todo el tiempo estamos expuestos a situaciones sobre las cuales no podemos predecir, ni alterar el resultado y por ende son potencialmente peligrosas, todos hemos oído o presenciado todo tipo de cosas que le han ocurrido a alguien "de repente" y "de la nada". Ese riesgo se puede reducir con conocimiento y análisis, pero siempre existirán factores fuera de nuestro alcance. Es importante recordar que así como pueden surgir cosas negativas inesperadas, también pueden surgir cosas positivas. El riesgo es su amigo y solo puede ser verdaderamente exitoso corriendo riesgos. Puede que sienta que desea tomar la menor cantidad de riesgos posibles, pero aún si cree que no los toma, recuerde, cada día vive en un mundo riesgoso con resultados inciertos.

Tiene mucho sentido tratar de reducir el riesgo, más no las situaciones riesgosas las cuales en general traen grandes oportunidades. Suponga que usted se presenta a un concurso de una de sus pasiones: bailar. No obstante siente miedo de los posibles resultados pues desconoce lo que puede pasar, así que a pesar de tratarse de una situación de bajo peligro, sí cuenta con alta incertidumbre, por lo tanto es riesgosa.

Tiene por lo menos dos opciones persistir a pesar de esto o desistir. Si opta por retirarse, se sentirá aliviado inmediatamente, toda la carga emocional se liberará, pues ahora el resultado es certero, no hay dudas, pero al no participar tampoco tendrá la posibilidad de ganar el beneficio posible. Por otra parte, si decide participar, puede intentar reducir el riesgo con conocimiento, puede documentarse sobre versiones anteriores del concurso, hablar con otros participantes, estudiar los temas relevantes, pasos, entrenar, etc. A medida que gana conocimiento sus posibilidades de ganar serán mayores y por lo tanto, el resultado más certero, disminuyendo el riesgo, solo que esta vez conserva la posibilidad de tener éxito.

Siempre que pueda, para tomar una decisión, tenga al menos dos opciones e idealmente tres sobre las cuales decidir. Curiosamente el miedo y la ansiedad disminuyen cuando existen varias opciones, en vez de sentir que no hay salida y solo hay una respuesta posible, vemos que tenemos diferentes posibilidades. No importa si son ciertas o no, puede tratarse de opciones imaginarias o difíciles de realizar pero al menos son opciones. Por ejemplo, usted quiere aplicar a una maestría en cierta universidad. Es mejor aplicar a dos o tres. Al mismo tiempo su única opción no debería ser la de estudiar la maestría, puede considerar por ejemplo en caso de no ser aceptado en ninguna, continuar trabajando un poco más o capacitarse por otros medios que le permitan continuar apuntando hacia su meta. Los planes pueden cambiar, pero debe esforzarse por mantener una meta clara hacia la cual trabajar.

Por el contrario, si decide no tener dos o tres opciones de decisión como se ha sugerido, sino 8 o 10 opciones, es posible que tomar una decisión resulte más difícil, o peor aún que después de haber decidido, la inseguridad por "no saber" si ha tomado la decisión correcta no le permita tener paz mental y llegue a afectar su nivel de satisfacción y grado de felicidad, aún si logra obtener lo que desea. Muchas opciones no son buenas. Si su lista es extensa, priorice y resuma a máximo tres, en caso de sentirse incapaz de dejar una de lado, considere compartir su lista con otras personas, para ellos resultará más obvio y fácil eliminar algunas de ellas facilitando su trabajo.

El miedo a perder su seguridad o estatus actual, es creado bajo la falsa premisa en la cual usted acepta que actualmente está seguro, pues se trata de una ilusión. La seguridad constante no existe, todo es temporal y relativo, nada es verdaderamente permanente en un mundo cambiante, su salud, edad, estilo de vida, capacidades, etc., cambian y también las de todos los demás, así como las características de infinidad de otras cosas que cambian reglas, las cuales finalmente dictan lo que es seguro y lo que no. Puede que usted en un determinado instante tenga una situación donde pueda decir que socialmente, económicamente, físicamente, amorosamente, espiritualmente está seguro, sin embargo 10 minutos después pasa algo que desacomoda uno o varios de esos estados, nuevamente usted tomará acciones para restablecer ese sentimiento de seguridad. Saber que este proceso de adaptación y cambio es natural y aceptar la mutabilidad de la vida como parte de la misma, disminuirá el miedo y le brindara mayor bienestar.

"Cometer errores es de humanos", todos lo hemos oído. Sin embargo en la academia y empresas, los errores normalmente se castigan, bien sea con notas bajas, regaños, reprimendas, costos y despidos, entre otros, de tal forma el incentivo para cometer errores y probar cosas con resultados inciertos, es realmente bajo. Para ser la persona exitosa que quiere ser, debe permitirse equivocarse y no ser tan duro con usted mismo. Exíjase un poco y trate siempre de hacer las cosas bien, pero al mismo tiempo acepte su imperfección y prepárese para equivocarse y perder dinero. Esto no es tan fácil como parece, pues su poderoso cerebro se encargará de recordarle todos los escenarios que hubiera podido vivir con el dinero que "perdió" o el tiempo que "gastó", pero deberá entrenarse para dejar pasar esas ideas, nada de eso que pudo ser, es real, solo lo que fue. Su responsabilidad es aprender de su experiencia y usarlo a su favor para aumentar su éxito.

Perder dinero trabajando en algo que finalmente no da frutos económicos, no es algo deseado, pero es necesario. Puede verse solo como gastar dinero, pero si se logran aprendizajes, puede llegar a ser una inversión en educación y experiencia. Hace unos años hice una serie de negocios que por poco me llevan a la quiebra, costándome decenas de miles de dólares en pérdidas de dinero, el cual finalmente pertenecía a entidades financieras o bancarias, a quienes me tomó varios años terminar de pagarles, siempre cumpliendo oportunamente con los compromisos iniciales. Los aprendizajes de ese periodo fueron tan duros y crudos como al mismo tiempo, valiosos y únicos. Soy consciente que eso tenía que pasarme tarde o temprano, pues mi forma de actuar e invertir de esa época tendría eventualmente consecuencias nefastas, de tal forma que estoy agradecido que fuera en ese momento a esa edad, con esas cifras y no más adelante cuando las consecuencias podrían haber sido potencialmente mayores.

¡No es posible fracasar!, cada uno toma decisiones y afronta las consecuencias. Los resultados son solo eso, pueden traer cosas positivas o negativas. Cuando una leona acecha a su presa entre los matorrales, ubicándose en contra del viento hasta estar lo suficientemente cerca como para atacar, aprovechando todos sus órganos desarrollados evolutivamente para hacer de ella un asesino eficiente, finalmente lo hace, ¡ataca!, teniendo un porcentaje de éxito de tan solo entre el 14% al 47% dependiendo de la presa y la hora del día. El depredador más exitoso del mundo es el perro africano, con un porcentaje de éxito en la caza de 70% al 89%, típicamente dado por el ataque en manada a presas más pequeñas (con excepciones).

Así como el éxito es personal, el sentimiento de fracaso también lo es. La manada de perros africanos que ha cazado un pequeño mamífero se lo comerá sin pensarlo y aumentará sus probabilidades de supervivencia un día más, disminuyendo el riesgo que representaría atacar presas más grandes. El perro africano no se siente triste por no poder cazar cebras (aunque en ocasiones lo hacen), están felices con sus grandes logros diarios, sobrevivir en la sabana africana es de por si un factor de éxito. Curiosamente, algunas especies de perros africanos, con todas estas habilidades están en peligro de extinción lo cual implica que para ser verdaderamente exitoso, no solamente hay que lograr su objetivo, sino efectivamente no morir en el intento.

No se trata entonces de poder cazar o perseguir presas que están fuera de nuestro alcance, sino de conocer nuestras capacidades y mejorarlas, para paso a paso colocar a nuestro alcance esas metas haciéndolas alcanzables.

Como hemos visto, no existe el fracaso, es solo una percepción, una ilusión de como vemos el mundo, que por cierto no se apega a la realidad. El mundo es un lugar de probabilidades, nuestro conocimiento y capacidad, nos permiten calcular y proveer algunas, pero muchas otras no. Si usted es el corredor olímpico de capítulos anteriores, quien entrena cada día con disciplina y el día de su carrera de ensueño lo entrega todo y pone todo su esfuerzo, pero aunque no logre vencer a los otros corredores, sinceramente debe alegrarse por su desempeño, por lo logrado hasta ese momento, debe entender que lo dio todo, pero fue superado, quizá los otros corredores entrenaron más fuerte, pero quizás se trata de una ventaja anatómica, estatura, composición corporal, genética, las cuales sin importar lo que haga no podrá superar. Aceptar este tipo de limitaciones nos da problemas, nos causa dificultad entender que no somos "todo poderosos". De alguna forma creemos que todo el progreso logrado por nuestra civilización, se ha dado por negarse a aceptar las limitaciones actuales y utilizar el conocimiento para cambiar lo que se requiera para eliminar esas limitaciones.

Usted podría crear una nueva liga de corredores que tengan "solo hasta cierta estatura", lo cual eliminaría las ventajas anatómicas de otros corredores y usted podría ser primero, pero seguramente le tomaría toda la vida tratar de llevar esta competencia a igualar el buen nombre y reconocimiento de las olímpicas, al final habrá dedicado su vida a algo que quizás no era necesario o valía el esfuerzo, solo por negarse a aceptar sus limitaciones.

En mi adolescencia, intenté aprender a tocar guitarra, pero no lo hacía muy bien y no me esforzaba mucho por mejorar, era solo un pasatiempo. Un día descubrí que un amigo relativamente cercano era casi un maestro con la guitarra eléctrica, tocaba el instrumento desde los 5 años, así que me acerqué a él tratando de mejorar mi nivel. Un día mientras practicábamos, otro amigo nos vio y oyó y me dijo: "No importa lo que usted haga, NUNCA tocará tan bien como él", lo cual me enfureció, él me explicó que no me lo decía con mala intención, sino simplemente porque creía que el don musical de mi amigo guitarrista era evidente y su amor por la música demasiado profundo lo cual lo llevaba a tener un nivel especialmente alto. Yo tomé la actitud de demostrarle lo contrario, así que comencé a practicar diariamente y tomar clases personalizadas, estudié el tema, mejorando cada día, pero mi deseo de demostrar mi punto, no superaba mi falta de amor profundo por el instrumento, al fin algún día simplemente me liberé y desistí, acepté algo que nunca había creído: yo también tenía limitaciones, mi mente invencible me había engañado, verdaderamente nunca tendría el nivel musical de mi amigo guitarrista, lo acepté en lo más profundo de mi ser, no me sentí mal por ello, simplemente entendí que esa no era mi vocación y debía seguir buscando mi camino.

Evidentemente, también han existido casos donde ese deseo de demostrar que una limitación no es verdadera, ha coincidido con mi interés, gusto y amor hacia algo y he logrado demostrar mi punto. Lo valioso es entender e ir conociendo nuestros gustos, aficiones y dones, para hacer lo que somos buenos haciendo y al mismo tiempo disfrutamos.

Para tener éxito hay que empujar más fuerte y constante que quienes no han podido, usando lo mejor posible, las herramientas existentes, invertir tiempo y esforzarse más. Todos quieren la "bala de plata" para tener éxito, pero cada vez hay más formas de ser exitoso y hacerse rico haciendo el bien y ayudando a más personas y siempre hay que trabajar duro y no rendirse, seguir intentando racionalmente, analíticamente, con esperanza pero con los pies en el piso y aprendiendo de los errores y resultados del proceso.

Si usted cree que el éxito está dado por la capacidad de volar sin ayuda de ningún tipo y salta de un cuarto piso, es probable que no muera (aunque podría pasar) pero se partirá varios huesos y sufrirá traumas severos en la caída. Si tan pronto se recupera, vuelve igualito y salta, no se tratará de una persistencia sana por lograr una meta, sino más bien de una decisión estúpida. No solo está siendo incapaz de ver su limitación como humano, sino también ha sido incapaz de aprender de las consecuencias de sus acciones en el pasado.

La información recaudada para reducir el riesgo y el miedo no proviene únicamente de nuestra limitada experiencia. De hecho una forma de potencializar los resultados, es aprender de los errores y vivencias de otros. Claramente lo que ha o no funcionado para ellos, no necesariamente tendrá el mismo comportamiento en nuestro caso, pero tendremos más información referente a lo que pretendemos realizar.

Escuche los consejos, pero decida cuáles tomar y cuáles desechar. En mi opinión resulta más útil conocer la experiencia y resultados, oír o leer las opiniones y sacar nuestras propias conclusiones que ciegamente aceptar las de los demás. En ambos casos podemos obtener conclusiones erradas, pero siempre es preferible tomar decisiones basado en análisis propio, no simplemente copiar de otros. Si usted hace exactamente lo que otro le aconseja y obtiene resultados negativos, no podrá ni por un momento recriminarle pues fue usted mismo quien decidió tomar la decisión de hacer caso de dicho consejo. Aún en el ámbito profesional. Suponga usted contrata un ingeniero civil para diseñar y ejecutar una obra y este hace lo contratado, o al menos así parece. Pasado un mes, toda la estructura colapsa claramente por errores de construcción y diseño. Legalmente el ingeniero tendrá responsabilidad sobre su trabajo (habrá que mirar los términos del contrato, etc.), pero usted fue quien decidió contratarlo, confiar en su trabajo, etc. finalmente usted comparte la responsabilidad.

Cada ser humano se coloca metas en parte buscando darle sentido a su vida. Es por ello que cuando no se logran estas metas como se tiene planeado, sentimos tristeza que puede llevar a depresión, pues hemos fusionado nuestro sentido de vida con nuestra meta, convirtiéndonos en esclavos de ella. Nos olvidamos del poder de la mente y permitimos a nuestros propios pensamientos esclavizarnos, irónicamente nos volvemos esclavos de nosotros mismos. Vencer se vuelve la única opción y no queda espacio para nada más, olvidando vivir en el proceso y disfrutar cada día, lo cual, como veremos en el próximo capítulo es lo que verdaderamente evita que desfallezcamos en el proceso.

Desprenderse de todo y ser consciente que TODO, es pasajero y realmente NADA nos pertenece nos libera, pero normalmente requiere esfuerzo para interiorizarlo. Podemos vivir con solo agua, aire y algo de alimentos, pero nos hemos metido en la cabeza una serie de "necesidades" ficticias que solo nos llevan a vivir llenos de temor. Si no las tenemos somos infelices por la falta de ellas, pero en cambio si logramos tenerlas, ahora somos infelices porque tememos que podamos perderlas en algún momento.

Supongamos que una de sus aspiraciones es tener cierto reloj de pulsera con diamantes cuyo costo asciende a varias decenas de miles de dólares. Finalmente después de años de trabajo y esfuerzo compra su añorado tesoro. Ese día se siente la persona más feliz del mundo. Sin embargo desde el momento mismo en que deja la tienda en algún lugar de su ser, surge el miedo, temor a que pudieran robárselo o por descuido perderlo, o quizás podría caerse y estropearse.

Rápidamente se dirige a su casa para mostrárselo a sus seres queridos. Al siguiente día se lo coloca para estrenarlo en el trabajo, pero entonces se da cuenta que su mente ha estado trabajando en su contra. Ahora no solo teme todo lo anterior, sino también le preocupa que pensaran sus familiares, amigos, compañeros de trabajo, ¿qué impresión tendrán de usted, sentirán envidia, celos, querrán hacerle la vida imposible? Ese día es una mezcla de sentimientos, alegría parcial interrumpida por ansiedad, miedo, temor, rabia y muchos más.

En la noche nuestro personaje imaginario se da cuenta que ha tenido un día muy difícil (al menos en su mente) debido a su nuevo reloj, así que decide guardarlo en la caja fuerte y usarlo solo en ocasiones especiales, las cuales son escasas y quizás nunca lo vuelva a usar, solo lo vea de vez en cuando al abrir esta pequeña bóveda del tesoro. Al ver la situación externamente, reflejada en otra persona, lo ocurrido es ya evidente, pero nos resulta difícil de diferenciar cuando somos nosotros mismo quienes lo estamos viviendo, pues nos hemos enamorado de nuestra meta, bien sea material o no.

Imagine ahora que esa noche, nuestro personaje comparte su experiencia del día con su esposa o novia y conjuntamente concluyen, él continuará usando su reloj diariamente, sin dar la menor importancia a esto, disfrutando cada día pues algunas de estas situaciones imaginarias, algunas realmente podrían darse, podría perderlo, o alguien robarlo, o quizás tropezarse y dañarlo, todas ellas prácticamente impredecibles, pero con la nueva actitud, contrario a guardarlo POR TEMOR, se libera de ese miedo y decide aprovecharlo cada día, pues en verdad, cada día puede ser el último, tanto para él como ser vivo como para el objeto en su posesión. Al siguiente día todas esas situaciones desaparecerán, pues casi todas ellas tuvieron lugar solo en su mente y si algunos momentos negativos aparecieran, su nueva actitud le ayudara a sortearlos sin importancia, después de todo es solo un reloj, bien podría haber sido solo un carro, o solo una casa. No importa lo grande que usted considere su logro, al final recuerde ponerlo en perspectiva y recordará es solo algo más, ¡LIBÉRESE!

De la misma forma necesita liberarse de ataduras y amarres mentales, como vimos en capítulos anteriores, aceptando responsabilidad sobre su vida. Yo soy responsable por mí mismo, no puedo esperar que mi empresa, esposa (o), hijos, hermanos, o parientes se hagan cargo de mí en mi vejez o enfermedad. Sé que en muchos hogares se ha enseñado lo contrario, que debemos cuidar de nuestros padres en su vejez, pero la verdad es que no es así. Cada uno de nosotros debe tener independencia económica, emocional y ojalá física para hacerse a los servicios necesarios para tener una vejez sana e independiente. La mayoría de las personas preferiría estar acompañados en sus últimos años, pero una cosa es una preferencia y otra, una necesidad.

En el momento en que tomo conciencia de las necesidades de ingresos, cuidados y demás de una persona de avanzada edad, comenzaré a planear mejor mi propia vejez, cuidaré mejor mi salud, haciendo más ejercicio, alimentándome mejor, invirtiendo en fuentes de ingreso pasivas o negocios que eventualmente cuando no pueda trabajar puedan mantenerme y darme calidad de vida.

Si usted es de los que piensa que en la vejez necesita menos ingresos porque ya no está activo y no compra tantas cosas, debe recordar que necesitará más medicamentos, tiene más restricciones de movilidad, por lo tanto necesita pagar a otros por servicios de cosas que antes usted mismo podía hacer, requiere cosas más especializadas lo cual normalmente es sinónimo de gastos. Los empleados normalmente trabajan toda su vida y sueñan con una pensión, el momento mágico cuando sigue recibiendo ingresos sin trabajar. Si bien es cierto es mejor tenerla que no hacerlo, también es cierto que cada vez es más difícil lograr una pensión decente, las edades para hacerlo son cada vez más altas, los tiempos trabajados igual y los ingresos recibidos no son tan buenos.

Ciertamente hay excepciones en grandes empresas y cargos especiales, pero en general no debemos dejar nuestra vida en manos de cosas que no podemos manejar o sobre las cuales no tenemos control. Conozco casos cercanos en los cuales personas mayores a escaso tiempo de lograr ese sueño se enteran que el gobierno ha cambiado las condiciones y ahora deben trabajar 5 o 7 años más para poder pensionarse, algo que no podrían predecir ni tener control alguno sobre ello. Esta es una tendencia mundial no se trata de un país u otro. Adicionalmente, en países como Colombia el 75% de las personas fallecen en los siguientes 7 años después de haberse pensionado, demostrando nuevamente que el sueño por el cual trabajamos, no necesariamente es el mejor para nosotros mismos.

Independientemente del segmento en el que decida trabajar, si decide ser empleado, lo invito a darse la oportunidad de experimentar una iniciativa propia, una empresa propia es una experiencia de autoaprendizaje, la cual todos deberíamos hacer al menos una vez en la vida, así puede reafirmar lo que ya creía sobre usted mismo y sobre lo que es ser empresario o quizás darse cuenta de nuevas oportunidades. Notará similitudes y diferencias entre ser empresario y empleado, encontrando en ambos cosas a favor y otras en contra. También notará que en ambos lados del espectro, se comparten similitudes. El manejo del miedo y aprender a tomar decisiones con incertidumbre son dos de las más significativas. No siempre podemos tener toda la información que nos gustaría y por lo tanto el riesgo siempre nos acompaña, pero proyectar algunos escenarios de manera controlada, ayudan a manejar la incertidumbre y a decir con ella, tomando la mejor decisión posible con la información disponible. Decida, pero hágalo YA. Siempre es posible equivocarse, pero dejar pasar el tiempo sin actuar, también tiene consecuencias, de hecho, la falta de acción será una decisión por sí misma, con consecuencias iguales que cualquier otra, pero no habremos sentido control sobre la situación.

Aprenda a querer el riesgo y a aceptarlo, sea consciente de su capacidad para salir adelante, sin importar las dimensiones del riesgo que se le presente, confiando en usted mismo y no en las cosas ajenas a su poder, experimentará mayor calidad de vida y control sobre su destino.

CAPÍTULO 6

¡La vida es dura! ¿Cierto?

La famosa frase de Henry Ford "Tanto si crees que puedes, como si no, tienes razón", resume el poder de la mente frente a la vida diaria. Lo que digamos de nuestra vida y las situaciones diarias es la verdad, o al menos lo será para usted.

Supongamos que un hombre se levanta cada mañana y tan pronto recuerda que debe ir a trabajar, piensa en lo poco que le gusta su vida, considera que el dinero que le remuneran es demasiado bajo y su familia no puede comprar las cosas que él quisiera darles. Al mismo tiempo, debido a esa constante búsqueda de mayores ingresos para "estar mejor", los ratos de esparcimiento y compartir con sus seres queridos son cada vez menores. Este hombre podría pensar que la vida es muy dura con él y duda que algún día pueda alcanzar sus sueños.

Por otra parte, otro hombre quien vive exactamente la misma situación se levanta cada día agradecido de tener un trabajo honesto donde desempeñarse, busca activamente oportunidades en la empresa donde labora y fuera de ella para poder desarrollar sus capacidades y cumplir sus sueños. Para evitar caer en la trampa de "solo trabajo y nada de juego", se ha puesto metas mínimas de tiempos de calidad que dedica a su familia, diariamente y semanalmente, cuando no puede cumplir una semana por imprevistos, a la siguiente semana recupera el tiempo perdido. Se siente el hombre más feliz del mundo, por tener una esposa que lo quiere y apoya, aunque todavía no han logrado todos sus sueños, piensan y actúan como equipo para trabajar hacia esas metas que han trazado. Este hombre está convencido que la vida es una gran bendición y un hermoso tiempo para aprovechar.

Es evidente que ambos personajes están haciendo frente a las mismas situaciones con actitud completamente diferente, el primero se concentra en lo que le falta y no tiene actualmente, mientras el segundo lo hace en todo lo que ya tiene y cómo eso lo puede llevar a donde quiere ir.

Se trata de ser positivo, pero no de hacerlo ciegamente, es más bien una actitud de abrir los ojos a la realidad. La vida no tiene sentido, ¡SUPÉRELO!, el sentido a la vida se lo da cada uno de nosotros, no existe libreto o guión de lo que se supone debemos hacer.

Al mismo tiempo en ese abrir de ojos, podremos finalmente ver lo que tenemos al frente nuestro cada día y darnos cuenta de lo afortunados que somos, hay tantas cosas que podríamos no tener, tantas bendiciones que podrían faltarnos que usamos a cada segundo sin darnos cuenta. Por ejemplo, solo para estar leyendo estas líneas usted ya es una de las personas más afortunadas que existen, sus ojos, mente y cuerpo funcionan al unísono para permitirle ver, entender y asimilar estas líneas, al mismo tiempo ha recibido una educación que le enseñó a leer, tiene acceso a literatura, bien sea comprada, prestada o alquilada, existe una serie de conocimientos conjuntos que permiten llevar este contenido a sus manos, empresas de impresión, fabricación y muchas más.

Usted vive en una sociedad y en una época donde la lectura está disponible casi a cualquier persona, si ha comprado este material para su propia biblioteca personal, es porque tiene una fuente de ingresos que le permitió hacerlo, si lo rentó en una biblioteca, tiene toda esa infraestructura a su disposición. Podría continuar listando todas las cosas buenas, bendiciones y aportes de tantas personas que han sido necesarios para que usted pueda en este momento digerir este material.

Nadie está diciendo que no tiene sentido vivir, todo lo contrario, vivir tiene todo el sentido que cada uno de nosotros queramos darle. Lo importante es entender que la respuesta que decidamos dar para nuestro sentido personal está BIEN. Realmente no podemos equivocarnos pues no hay estándar o patrón de comparación, por lo tanto no hay errores. El debate existencialista no tendría fin, pero al final solo nosotros mismos quienes decidimos que verdad aceptamos, por lo tanto finalmente siempre somos nosotros quienes decidimos nuestro futuro.

Una forma de desarrollar nuestra capacidad de ver lo obvio es mediante el dibujo. Cuando niños todos éramos artistas, pero a medida que crecimos, muchos dejamos de un lado ese aspecto creativo de nuestra infancia. Para dibujar, se requiere mirar los detalles, tratar de emular las sombras sobre un papel o lienzo, visualizar como las líneas definen cada objeto, animal o persona. Trate de dibujar algo cada día, no necesita realmente nada nuevo para ello, puede hacerlo con un lapicero o lápiz sobre un pedazo de papel o hasta periódico, no se trata necesariamente de una pieza de arte para guardar o exhibir (aunque podría serlo), lo importante es permitirle al cerebro ese proceso de observación y creación.

Piense en esto como un ejercicio de karaoke, en el cual lo valioso no es necesariamente que tan bien canta, sino la actitud y goce de la actividad misma. Sus primeros dibujos pueden ser a toda vista bajos de precisión, puede guardarlos para usted mismo o simplemente desecharlos, ríase de lo que ha dibujado, tal vez comenzó intentando dibujar un caballo, pero ahora parece más un gato, disfrútelo, recuerde cuando todo lo que usted pintaba era hermoso para su profesor (a) y padres, no importaba mucho si nos salíamos del borde del dibujo, sino intentarlo y hacerlo, sin importar como quedara, el resultado siempre era hermoso.

Tengo la fortuna de vivir a 1km de mi trabajo, distancia que camino al menos un par de veces al día. En este tramo, es posible recorrer un parque con grandes y frondosos árboles de muchos años de edad. A pesar de haber caminado por el durante años hasta hace un par de ellos no me había permitido disfrutar de toda la naturaleza y sobre todo las aves que allí habitan. He tenido la oportunidad de ver pájaros rojos, amarillos, azules, carpinteros y hasta águilas, pero solo puedo hacerlo ahora que estoy observando. Trato de irme con unos minutos de anterioridad para tener ese espacio donde puedo detenerme y observar, o al menos disminuir el paso para apreciar más detalles de algo que llame mi atención. Entiendo que soy especialmente afortunado por hacer esto cada día, pero quien debe tomar el sistema de transporte masivo o su vehículo cada mañana para llegar a su trabajo, también puede buscar esos espacios.

La naturaleza brinda innumerables oportunidades para encontrar temas fabulosos. Observar un animal como una ardilla trepar por un árbol es genial. Detallar como su anatomía le permite correr verticalmente haciendo parecer que la gravedad no les afectará, o el volar de un ave, o quizá el mismo ser humano, el caminar de una persona, el movimiento de su propia mano. Si su interés es la arquitectura, en cada metro de una ciudad tendrá oportunidades para apreciar trabajos, unos mejores que otros, pero todos ejemplos prácticos. Si en cambio su interés es la mecánica, vehículos y máquinas de todo tipo nos rodean, tan solo el mecanismo de funcionamiento de un reloj común de pulsera es un avance tecnológico impresionante.

La naturaleza y nuestra civilización están llenas de milagros y avances fantásticos. La tecnología está tan bien diseñada y nos encontramos tan inmersos en ella que se vuelve invisible, es por eso que debemos volver a ver lo evidente, encontrando belleza en lo obvio y en cada parte de nuestro cuerpo y vida.

La dificultad con el hecho de que "la vida es lo que usted diga que es", radica precisamente en que muchos no nos atrevemos a decir nada, por miedo a equivocarnos. Si yo quiero ser pintor y hacer de mi vida y trabajo una fábrica de obras de arte debo solucionar una serie de dudas al respecto. Por otra parte, si decido ser médico, otras diferentes vendrán a mi mente. Allí es donde el conocimiento interior entra en juego, pues al empatar las respuestas a esas preguntas y las características personales podremos decidir mejor sobre nuestro destino.

Nos pasamos la vida completa solucionando problemas y corriendo de un lado para el otro, olvidándonos de conocernos a nosotros mismos, sin saber cuáles son nuestras fortalezas y debilidades, sin aprender a motivarnos. Sin importar cuanto crea alguien que lo conoce, usted siempre se conoce más a usted mismo, al fin y al cabo usted tiene que vivir con usted mismo las 24 horas del día.

Durante nuestro proceso educativo, especialmente en la infancia y juventud, las instituciones académicas y miembros de la familia se esfuerzan por inculcar valores que ayudaran a formar una persona de bien, útil y valiosa para la sociedad o por lo menos para sí misma. Cada uno de nosotros resulta diferente y único debido a la máquina de aprendizaje humana, nunca dejamos de aprender, pero durante ciertas edades, la mente está más abierta y perspicaz, absorbiendo todo a su paso, de tal forma que resulta casi imposible replicar exactamente lo que viven dos personas a cada instante, y solo un instante puede hacer una gran diferencia, una imagen que causa impresión, un sonido, un sentimiento puede cambiar todo.

La ciencia ha realizado diferentes experimentos con gemelos y mellizos buscando las razones por las cuales seres genéticamente similares, con educación similar y vivencias similares resultan, en muchos casos, tan diferentes uno del otro al llegar a adultos. Sencillamente podemos vivir cosas similares, pero nunca iguales. Puede llevar un grupo de personas a vivir una experiencia de cierto tipo y puede obtener tantas percepciones, sentimientos y aprendizajes como personas participen. Cada uno relacionará esta nueva vivencia con la información, conocimiento y otras experiencias previas, determinando cómo se sienten al respecto y cuáles son sus conclusiones personales.

Durante un tiempo se transmitió por un famoso canal de TV, especializado en ciencia e investigación, un programa en el cual dos expertos en supervivencia iban a los lugares más remotos y peligrosos del mundo, selvas, desiertos, etc., y allí debían sobrevivir durante cierto tiempo antes de ser rescatados. Curiosamente, uno de ellos creía que la madre naturaleza cuidaba de él y por lo tanto proveía todo lo que pudiese necesitar, su confianza era tan alta que se negaba siquiera a llevar zapatos a estas "expediciones". El segundo, estaría de acuerdo con un argumento opuesto, la naturaleza es un asesino despiadado y aprovechará cualquier oportunidad para tomar la vida de una presa potencial, en este caso, cualquiera de ellos... ¡Ambos sobrevivieron todas las veces!

Este ejemplo, refuerza el hecho de que se puede vivir de una forma u otra y siempre tendrá la razón, pero su actitud hacia la vida tendrá enorme influencia sobre su pensar y actuar. Si en su mente todo está tratando de herirlo vivirá de una forma. Por otra parte, si asume todo está a su favor, actuando para su beneficio la actitud será muy diferente. No se trata de decir que un modelo es mejor, sino de ser consciente que existen otras formas de ver lo mismo y buscar las ideas con las cuales regimos nuestra vida. Cada persona tiene muchas de ellas inculcadas profundamente en nuestro ser, hemos vivido gran parte de la vida con ellas sin siquiera darnos cuenta.

Todos sabemos que el ser humano es un animal, el cual ha desarrollado ciertas habilidades y capacidades especiales capaces de darle cierta ventaja, dentro de ellas se destaca su inteligencia. En las demás capacidades físicas como: fuerza, velocidad, salto, agilidad, etc., resultamos en inferioridad de condiciones con gran parte de otras especies animales, inclusive con nuestros propios ancestros de los cuales evolucionamos. De tal forma, ese prodigioso cerebro, de alguna forma resulta suficiente para subsanar todas esas otras "falencias", al menos en teoría.

Sin embargo en nuestra esencia más sencilla, somos iguales, necesitamos alimento y agua para vivir y un refugio para protegernos. Si no tenemos esto, rápidamente nos daremos cuenta que nuestra esencia animal sale a flote y realmente está viva en nosotros. De ahí en adelante comenzamos a diferenciarnos y a complicarnos la vida innecesariamente. Un guepardo por ejemplo, puede vivir plácidamente en la sabana africana toda su vida, debe cazar con cierta frecuencia, de lo contrario, ni siquiera su anatomía diseñada para ser uno de los cazadores más rápidos del mundo le garantizará su supervivencia. Igualmente debe encontrar sombra durante las horas más soleadas y agua para hidratarse, evitando en el proceso ser devorado o aplastado por otros depredadores, un rasguño o herida durante la caza o en su vida diaria puede costarle una infección y eventualmente la vida.

Alguien puede pensar que la vida del guepardo es dura y difícil y para "protegerlo" y "ayudarlo" lo lleva a un zoológico donde tiene garantizada la comida, el refugio, cuidado médico y protección de otros depredadores entre muchos otros "beneficios". No obstante, al poco tiempo sus cuidadores notarán que el estado físico del animal se deteriora, su aburrimiento y quizás falta de sentido en la vida y actividades lo llevan a un estado de ansiedad y depresión generando en dificultades para sus cuidadores y obviamente deteriorando la calidad de vida del felino.

De alguna forma a los humanos nos ocurre lo mismo que al guepardo del zoológico. Ya no debemos preocuparnos por cazar o encontrar refugio cada noche, siempre que tengamos recursos económicos para pagarlos, gozaremos de todo lo que nuestra civilización tiene para ofrecernos. En general, toda persona que no viva en pobreza absoluta, tiene los elementos básicos para sobrevivir cada día. Por lo tanto, el objetivo de nuestra vida, pasa de ser tan básico y ahora nos permitimos elevar nuestras ambiciones siempre y cuando tengamos cubierto lo anterior.

Trate de pensar en la trascendencia de su obra cuando lleva dos días sin probar bocado, seguramente no podrá hacerlo pues primero necesita cubrir sus necesidades básicas. Lo realmente importante de este proceso, es que después de tener nuestras necesidades básicas cubiertas y sentirnos seguros, es que nos enfocamos en la búsqueda de afecto, posteriormente de reconocimiento y por último la anhelada autorrealización (esto está claramente explicado en la pirámide de

Maslow[4] y en su obra encontrará detalles al respecto). Por lo tanto si usted está tratando de ser exitoso, deberá serlo teniendo en cuenta que necesita solucionar todas las etapas anteriores del proceso, de lo contrario estará destinado a volver a recaer en un escalón más bajo.

El guepardo no tiene este problema, pues vive en un estado más básico. A él no le importa el reconocimiento o la autorrealización, no está tratando de ganar un premio por ser el guepardo más exitoso de la sabana, aunque a veces debe serlo si espera reproducirse. No piensa cada mañana en cual va a ser la huella que va a dejar en la planicie africana y cómo lo van a recordar sus cachorros cuando él ya no esté, esto está más allá de sus capacidades, aunque si debe esforzarse por ser exitoso cada día, de lo contrario pagará el precio máximo, su propia vida. Aún si él no lo sabe, para este animal existe un concepto de éxito, pero no toda la carga y complicaciones que nosotros los humanos hemos agregado.

Cuando este felino va a cazar analiza la presa, el terreno, el viento y se concentra para utilizar todo a su favor, para darlo todo en esa carrera por la supervivencia. Cuando la carrera comienza, él se la juega toda, quema sus limitadas reservas de energía y pone su vida en riesgo, pues la recompensa lo vale, no hay espacio para inseguridad o duda, durante esos segundos lo apuesta todo y más le vale ganar, su vida depende de ello. Quizás debemos tratar de lograr la determinación y concentración que usa el guepardo al momento de cazar. Analizando profunda pero rápidamente y actuando colocando todo de nuestra parte para lograr el éxito.

La mayoría de los humanos han dejado de lado esa determinación imparable de la que gozan los animales, especialmente los cazadores. Esa seguridad inquebrantable en ellos mismos y nos hemos domesticado con la esperanza de que este modelo de "civilización" nos brinde ventajas. Nuestra sociedad funciona con una "masa" gigante de personas medias que tratan de llevar una vida donde tienen los elementos básicos para sobrevivir, y quizá un poco más. Algunos que han desarrollado ciertas habilidades acumulan enormes cantidades de riqueza y otros tantos no logran siquiera alcanzar un nivel básico y

---

[4]   La pirámide de Maslow o jerarquía de las necesidades humanas, propuesta por
      Abraham Maslow en su obra: *Una teoría sobre la motivación humana A Theory of
      Human Motivation*), 1943.

viven en un grado de pobreza, que en algunos casos es tan bajo que deberíamos sentir vergüenza como sociedad de permitir que algunos de nosotros vivan así.

Seguramente muchos han visto el video disponible en internet sobre el pequeño perro bullterrier que se interpone entre un toro enfurecido de varios cientos de kilos y su presa, un hombre quien corre tratando de evadir el animal. El can, con tan solo un par de decenas de kilos se interpone en la escena y muerde el hocico del toro protegiendo al hombre, a pesar de las violentas sacudidas y golpes que le proporciona el gigante taurino, el bullterrier persiste con fuerza y determinación, hasta que pasados unos minutos, podemos ver como el toro cede frente a la pequeña criatura quien finalmente decide soltarlo para seguir jugueteando por ahí, sin que ninguno de los dos resultará lastimado seriamente. No somos una especie tan grande como pensamos, el mayor tutor sigue siendo el mismo de siempre, desde el comienzo de los tiempos: la naturaleza.

La actitud de "tener éxito o morir en el intento", busca tener éxito sin morir en el intento, pero estando dispuesto a hacerlo. Se trata de un estado mental en el cual quitamos nuestros miedos y dudas, nos enfocamos completamente en nuestra meta. Al quitar las restricciones y asumir una actitud de "hacer lo que haya que hacer, hasta las últimas consecuencias", de alguna forma "misteriosa" vemos como todo comienza a darse, lo que antes parecía complejo de repente es sencillo, lo difícil, ahora parece fácil, lo inalcanzable se acerca a nosotros y pasan cosas fabulosas que antes no hubiéramos creído posibles.

Permítame compartir una historia de la vida real, hace unos años en mi ciudad por todas partes en la calle, era fácil encontrar diversos tipos de vendedores ambulantes, personas que comercializan alguna mercancía, casi de toda clase, unos dulces, otros goma de mascar, otros zapatos, otros música, fruta, etc. y trabajan en la calle vendiendo, a veces cosas originales y otras cosas piratas, algunas veces cosas legales y otras veces contrabando o cosas dañinas, pero siendo la gran mayoría de ellos personas con familias de bajos ingresos quienes ganan su sustento con su trabajo, convirtiendo este en un tema social especialmente sensible.

La entidad gubernamental competente decidió instaurar un plan de espacios públicos libres de vendedores ambulantes y ofrecerles una recompensa en dinero y una reubicación por aceptar organizarse en ciertas áreas de la ciudad a estos vendedores ambulantes y después de cierta fecha movilizarían fuerza pública y policial para retirarlos a la fuerza. Sin embargo, la difusión no fue tan buena como se hubiera querido y otros simplemente hicieron caso omiso al tema, lo cual llevó a semanas tensas mientras todo el proceso ocurría.

Un día en ese proceso, llegó el grupo de oficiales de una de las secretarías encargadas del operativo y se acercó a uno de estos vendedores ambulantes que vendía golosinas y dulces, siempre en la misma esquina cerca de donde yo estaba, coincidencialmente pude ver toda la escena de primera mano. El hombre se acercó al vendedor ambulante y le ordenó bruscamente desalojar el espacio público. Su actitud brusca y agresiva hacia el vendedor quien hasta el momento se encontraba pasivo, aumentó al ver que no obtenía resultados, así que tomó la sombrilla que el vendedor utilizaba para proteger sus golosinas del sol.

En ese momento el vendedor pasivo se transformó en otro ser, le gritó "este es mi trabajo y yo tengo una hija pequeña que depende de mí, si usted me quita la sombrilla, me quita la comida de la boca de mi hija y yo por ella me hago matar", el funcionario hizo caso omiso y continuó quitándole la sombrilla, el vendedor se le acercó lentamente y mirándolo a los ojos con rostro duro y serio, ojos tensos y respiración profunda, le dijo con tono firme "si usted me quita la sombrilla mi hija pasa hambre y eso no lo puedo permitir... si usted me quita la comida de mi hija yo lo mato" y empuñó algo con fuerza en el bolsillo de su pantalón. El funcionario vio que el hombre hablaba en serio, se alejó un par de pasos le entregó la sombrilla y le dijo, por primera vez en tono tranquilo y respetuoso "señor, yo solo hago mi trabajo por favor colabore y retírese, llévese sus cosas, nadie le va a quitar nada".

Al alejarse el vendedor de la escena, con su mercancía intacta pasó por mi lado, yo hice un comentario y le pregunté: "¿en verdad lo hubiera agredido?", el hombre sacó de su pantalón el objeto que había empuñado con fuerza unos minutos atrás, para dar mayor credibilidad a su amenaza, se trataba de un paquete de gomitas de azúcar, ahora por cierto bastante maltratadas.

Esta es una historia de la vida real, no quiero decir que la violencia de los dos personajes involucrados sea adecuada o moral y por supuesto una amenaza a la vida de alguien no es justificable bajo ningún medio, pero lo que vale la pena resaltar es que la actitud y determinación de proteger algo valioso, lo llevó a salir victorioso, en una situación de notable desventaja y casi amenaza física. Las cosas pudieron haber salido mal y el hombre haber ido inclusive a la cárcel por todo esto, pero no fue así. Hay que ser respetuoso de la ley y el orden, pero también de la dignidad humana, esta es una de esas situaciones en las cuales podría debatirse los dos lados de la moneda, lo cierto es que después de "tan solo" unas palabras, ambas partes lograron, al menos parcialmente, su objetivo, sin consecuencias mayores, el empleado público desalojó el espacio público y el vendedor conservó sus activos intactos (excepto las gomitas del bolsillo). Nunca, antes ni después, volví a ver en ese vendedor ambulante, una actitud similar, siempre calmado, amable y servicial, solo cuando la comida de su hija estuvo en juego se convirtió en ese ser.

En este libro solo encontrará formas de tener éxito de manera legal y cumpliendo con sus obligaciones legales. El ejemplo anterior no se sale de ese marco, no se pretende justificar el actuar bajo un modelo de negocios no permitido por el vendedor ambulante, ni tampoco la afección hacia la humanidad del mismo causada por el funcionario, es un caso extremo en el cual volvemos a nuestra esencia, en la que el sustento que garantiza la supervivencia está en juego.

Decidí incluir este polémico ejemplo para tener la oportunidad de aclarar la importancia de los valores personales. La inteligencia, la capacidad para ser exitoso, el poder o simplemente las ganas de lograr un objetivo con determinación, haciendo lo que se requiera, no implica arrasar con todo y todos a su paso, pisoteando lo que se oponga. Los grandes resultados normalmente se dan cuando se AYUDA a gran cantidad de personas, no cuando se perjudica. Cada gran empresa genera valor para muchas personas, es muy probable que también cometa errores en el proceso, pero detectarlos y tratar de disminuirlos y corregirlos es parte de su actuar.

En el camino al éxito muchas personas pierden el rumbo y se alejan de sus valores personales y de esos sueños de infancia. Si tuvieran la oportunidad de viajar en el tiempo y regresar para conocer al niño que alguna vez fueron, sentirían vergüenza del ser en el cual se han convertido. Conocerse a sí mismo y ser capaz de mantener sus límites y lineamientos, especialmente frente a situaciones adversas nos define como personas y nos diferencia de los demás. Cuando llega la "oportunidad" de ganar algún beneficio haciendo mal a otros y decimos NO, o buscamos la forma de obtener el beneficio con inteligencia, sin generar daño alguno nos definimos como seres humanos buenos. En esto SÍ podemos demostrar nuestra superioridad como especie.

Obrar bien no es tan difícil, muchas veces basta con no hacer el mal, no se requiere ser un santo o buscar serlo. Trate de no "joder" (perjudicar) al otro, solo con eso, ya estará haciendo bastante.

El único éxito que interesa y que en mi opinión a usted debería interesarle, es el buen éxito. El que se logra con trabajo y determinación, astucia e inteligencia, aplicando estrategias y conocimientos para hacer el bien. La cantidad de formas disponibles para hacer dinero o lograr el éxito como usted lo conciba, es prácticamente infinita. Como ya se ha visto, el éxito es una percepción personal, pero quizá más importante aún se trata de un proceso con ciertos resultados. Comúnmente nos enfocamos solo en los resultados, ganar cierta cantidad de dinero, visitar determinados sitios, tener determinadas cosas, vivir en algún lugar específico, pero olvidamos el proceso. La sociedad y los medios tienden a enfocarse en los resultados de la persona, dejando de lado ese proceso, pero en la medida personal, solo si sentimos que el proceso es exitoso la sensación de bienestar persiste. Si para lograr algo tuvimos que ser infieles a nuestras creencias y valores, el logro llegará, pero la sensación de éxito será disminuida.

Existen algunas excepciones de personas inmorales o amorales para las cuales los resultados SÍ justifican cualquier medio, pero para quienes estamos interesados en vivir una vida balanceada y feliz, en la cual estemos orgullosos y podamos contarle a nuestros hijos como hicimos lo alcanzado, el enfoque debe darse en la calidad del proceso para llegar a una meta.

Lograr hacer el bien a veces no es tan claro y sencillo pues, existen situaciones en las cuales no hay dos respuestas, una blanca y otra negra, sino más bien diferentes tonalidades de grises. En mi experiencia, en estos y otros casos la mejor forma de encontrar respuestas es colocándose en el lugar del otro y empatizando con las consecuencias positivas y negativas de lo que queremos hacer.

La empatía debe manejarse como un ejercicio de casuística, es decir de plantear casos como ejercicio de simulación. En ellos, cada persona o tipo de persona analizada es un caso en particular. Suponga que usted quiere desarrollar un tipo de producto para utilizar en los taxis de la ciudad, pues ha notado que a su parecer los taxistas suelen ser impulsivos y a veces tienen actitudes agresivas con otros conductores y hasta con los mismos usuarios. Al comenzar usted cree que tiene algunas respuestas, pero al hacer el ejercicio de sentarse en un taxi o al menos simular mentalmente el proceso de conducir con el tráfico actual, se da cuenta que no es así. Y eso lo corrobora el solo hecho de pensar en conducir durante 8-16 horas diarias, con altas temperaturas, sin poder encender el aire acondicionado pues elevaría el consumo de combustible y podría costarle su ganancia del día, alimentándose con un presupuesto ajustado y teniendo la obligación de cumplir con un pago diario al dueño del vehículo, que al final en algunos casos resulta en pérdidas en un día de trabajo.

Este corto ejercicio de empatía nos ayuda a entender un poco más la vida diaria de un taxista y quizás proponer soluciones o indagar para encontrar respuesta de mayor calidad, pero ahora lo estamos haciendo con respeto hacia la profesión y las personas que la ejercen, pues entendemos que son trabajadores fuertes quienes al igual que nosotros mismos hacen un esfuerzo cada día por llevar el sustento a casa y deben enfrentar sus propios retos personales.

Entre más utilicemos la empatía, más valoraremos a los demás. Debo confesar, que en ocasiones cuando me he enfrentado a situaciones y actitudes de personas, que en mi opinión van en contra de toda la sociedad y hasta de ellos mismos, he llegado a pensar al menos por un instante que se trata de personas tontas e ignorantes. A pesar de lo mal que esto suena, quizás no esté del todo equivocado, pero también en ese mismo momento, debo aceptar que soy también un poco tonto e ignorante, pues en algunos momentos no he logrado empatizar con ellos y tratar de encontrar soluciones reales o al menos posiciones que me permitan estar bien independiente de esos factores externos.

Cuando era niño entrando a la adolescencia, uno de los mejores profesores que he tenido en la vida me dictaba física. Un día nos confesó en clase, que lo habían asignado en sus tardes a un colegio de bajos recursos, donde debía dictar la misma materia, no obstante dada la deficiente fundamentación en las áreas numéricas, los alumnos no entendían prácticamente nada de lo que él trataba de transmitir. Una semana después nuevamente en clase, nos hizo una revelación que se quedaría grabada en mi mente por siempre, nos dijo que ese fin de semana había estado frustrado y se preguntaba cómo podía enseñarle algo a esas "bestias". Sin embargo, este brusco pensamiento solo duró unos minutos, hasta que hizo el ejercicio de empatizar y trató de colocarse en los zapatos de esos jóvenes.

Pocos minutos después él concluyó lo evidente y nos dijo: "me di cuenta que la bestia y el ignorante era YO, quien no era capaz de encontrar la forma de motivar e inculcar conocimientos a estas mentes jóvenes deseosas de salir adelante". Las siguientes semanas se le veía cansado, pues trasnochaba preparando sus clases para ellos y buscando estrategias para llegarles. Pasó el tiempo y después de poco más de un mes, las ojeras disminuyeron y la sonrisa de mi profesor creció, se le veía más alegre y un día me dijo en un pasillo que ese reto era algo que lo había cambiado para bien y que se sentía muy feliz de haber encontrado estrategias para poder hacer bien su trabajo y llevar el conocimiento a sus alumnos. Incluso, pasado un tiempo, quiso dedicarse a enseñar de tiempo completo a ese tipo de instituciones, pero finalmente decidió continuar haciéndolo solo a tiempo parcial. No fue fácil, pero persistió y el éxito no fue solo el resultado sino el proceso mismo seguido para poder lograr el objetivo.

La vida misma no es más que la suma de muchos procesos de diferente índole con diferentes metas y en ese proceso siempre estamos acompañados. Seres queridos, familiares y amigos comparten ese camino. Todos haciendo aportes aún de manera inconsciente, enseñando valiosas lecciones, pero curiosamente solemos menospreciar lo propio para dar mayor valor a lo ajeno.

De alguna forma al comparar nuestras vidas con otros que consideramos exitosos, hemos permitido que eso nos afecte negativamente, en vez de servirnos de motivación y alegría. No podemos permitir que aplaque nuestra alma.

Cada vez que alguien logra algo que nosotros queremos, debemos alegrarnos y sentirnos felices y exitosos con él o ella. Si es posible, podemos buscar acercarnos y escuchar su historia, buscando inspiración y guías en su experiencia, se sorprenderá de lo dispuestas a ayudar y apoyar a otros que están todas las personas. Al final la vida es individual, pues nadie puede respirar, ni actuar por nosotros, pero se trata de un proceso de equipo, con algunos jugadores que permanecen largo tiempo a nuestro lado mientras otros entran y salen a intervalos. La inspiración por sí misma no es suficiente, pero ayuda a tomar acciones cuando estamos en un estado de inmovilidad y en ese largo juego, la acción es finalmente la que gana el partido.

Puede que hoy usted considere pequeños los aportes que determinadas personas están haciendo en su vida, mientras al mismo tiempo cree que otros hacen grandes aportes, pero con el tiempo se dará cuenta que no necesariamente estaba en lo cierto, en muchos casos pequeñas cosas hacen grandes diferencias en nuestras vidas y en nuestro bienestar, por lo tanto lo invito a valorar todo lo que las personas a su alrededor le dan y hacen por usted. Siempre esté agradecido con todos ellos, recuerde que puede que nunca se entera de muchas cosas que otros hicieron por usted, así es mejor estar agradecido con todos por formar parte de su vida.

Cuando se miran o leen las biografías de los grandes hombres y mujeres de la historia, encontramos que tienen en común algunos aspectos, de los cuales se destacan dos: su seguridad personal y su creencia profunda de que se merecen su éxito y mucho más. Los métodos para lograrlos varían, pero la mentalidad de éxito permanece.

Algunos de ellos se sentían exitosos y otros no, pero seguramente para nuestro estándar personal, esos grandes personajes eran muy exitosos. Recuerde, el éxito es personal.

Para mi abuela paterna que en paz descanse, quien en su juventud salió del campo hacia la ciudad y tuvo la responsabilidad de sacar adelante sus numerosos hijos prácticamente ella sola y sin educación formal, en sus últimos años de vida su sentido de vida y éxito eran sus pollitos. Ella siempre tenía un corralito con gallinas y cuidaba los huevos fecundados y posteriormente los pollitos, los alimentaba y engordaba para un día, cuando ya estaban grandes y gordos, invitar a su familia a un gran almuerzo con pollo criollo. Esos pequeños amarillos que finalmente alimentaban a la familia daban sentido a su vida, ella solo sabía dar y eso la hacía feliz.

Como se dijo en los capítulos anteriores, prácticamente todo puede ser transformado en dinero y viceversa, ella había podido haber comprado el pollo para esos almuerzos pero gran parte del gozo de su vida era el proceso de crianza de los animales, cuidar su alimentación y agua, protegerlos de depredadores, planear los senderos por donde podrían moverse y pensar las fechas en que podría tenerlos listos para utilizarlos.

El éxito no es el fin, es el proceso, disfrutar el proceso es más importante que disfrutar el fin o la meta, es importante reiterar sobre esto pues, todos somos mortales y cualquiera puede ser nuestro último día en el planeta. Por lo tanto, no hay certeza de que estemos presentes para el cumplimiento de nuestra meta, pero sí sabemos que estamos vivos hoy, en este momento y que estamos haciendo cosas para estar mejor, disfrutemos el proceso ya que puede ser lo único que tengamos.

La vida solo es dura si usted lo dice, su actitud es la clave para su propio éxito, más allá del conocimiento, inteligencia, destreza y habilidad, tener una actitud de HACER, es la clave del éxito. Pensar un poco y planear un poco, es importante, de hecho académicamente en gerencia se enseña a tener toda la información posible antes de tomar una decisión, y eso puede servir para evitar errores, pero también puede que no sirva de nada. La información es importante, pero hay que actuar y luego apuntar mejor por el camino, el gran reto es ¡HACER! Dejar de vivir una vida inmóvil, estancado en un mismo trabajo o actividad que no le permite realizar sus sueños y al mismo tiempo sentirse incapaces de hacer los cambios necesarios, el MIEDO a equivocarse es demasiado grande. Para quienes no hacen NADA, consecuentemente nada cambia en su vida y sus sueños siguen lejos de ellos.

Equivocarse no es tan malo y normalmente las consecuencias no son tan catastróficas como usted puede pensar, perder su trabajo puede traerle algunas dificultades económicas por un tiempo, pero con la actitud correcta no será tan malo. Hace un tiempo, en una discoteca, me encontré a un amigo y ese día estaba trabajando como guarda de seguridad en ese establecimiento y rápidamente me comentó las dificultades por las cuales había pasado, ninguna de las cuales, al menos en mi criterio eran excusa para que él no estuviera mejor, él solamente estaba usando todo eso de excusa para no HACER lo que debía hacer. Un tiempo después me encontré con otro amigo mientras viajaba y me contó su historia, había pasado por situaciones muy duras incluida la pobreza, pero su ACTITUD y SUERTE lo sacaron adelante y hoy en día vive holgadamente gracias a las utilidades que su empresa le genera.

Ambos son casos de personas que han enfrentado dificultades y la razón por la cual usted teme hacer cambios es porque cree que su caso será como el de mi primer amigo, quien inicialmente no tuvo resultados positivos, pero aún él, quien había desaprovechado grandes oportunidades y tiempo, hoy en día es otro caso de éxito, cambió su forma de pensar y ahora trabaja independientemente, tiene una familia y tiene ingresos que le permiten vivir cómodamente, pero más importante aún, se siente feliz y exitoso pues se ha superado a sí mismo. Todos podemos hacer eso, ser mejores que como éramos ayer.

No importa qué tan duro patee la vida, somos una especie que se adapta, en nuestra alimentación, los alimentos ingeridos pueden tener solo dos opciones: nos nutren y fortalecen o nos cobran la vida, no importa el sabor del amargo o dulce de un alimento, si mañana seguimos con vida, será en gran parte gracias a la energía que nos proveyó. Usted no tiene que saber que nutrientes, vitaminas o proteínas tenía para beneficiarse de él, el cuerpo igual aprovecha todo. Eso mismo ocurre con las situaciones de la vida "lo que no nos mata, nos hace más fuertes". Si mañana seguimos con vida, es porque esa situación por la que pasamos, nos nutrió y fortaleció.

Ningún empresario exitoso lo ha sido sin antes cometer muchos errores y en muchos casos perder dinero, es la única forma de aprender, invirtiendo tiempo, esfuerzo y por supuesto dinero.

No creo que sea verdaderamente posible hacerse rico sin gastar dinero, creo que es necesario invertir en el proceso de crecimiento personal y el aspecto más importante es en el protagonista, es decir usted mismo.

Gastar en usted no siempre es "gastar", frecuentemente ese egreso de dinero justificado en información útil es una inversión, pero hay que estar atentos, pues la compra de lujos innecesarios antes de tiempo, puede retrasar y perjudicar su proceso. Si está haciendo inversiones que producen rentabilidad y no tiene excedentes mensuales, pero aun así se compra un flameante convertible, cuya cuota mensual no puede pagar, es probable que ese error le cueste no solo el auto mismo, sino quizás parte de lo que ya había construido, retrasándolo en su camino hacia su meta.

No obstante si por ejemplo una de sus motivaciones para continuar adelante, es que su esposa pueda vestir los mejores trajes, comprarle de uno de vez en cuando lo ayudará a mantenerse motivado.

Debe balancear estos gastos inteligentemente, no todo debe ir a una caja fuerte donde puede que usted nunca lo disfrute, pero tampoco debe gastar todo de forma que no progrese hacia una situación mejor. Encuentre la forma de mantenerse motivado sin que eso le cueste todas sus ganancias. La idea no es vivir una vida de privaciones, sino aprovechar todo lo que el mundo tiene para ofrecer.

Invertir en usted para mejorar condiciones es a mi forma de ver lo más inteligente que se puede hacer. Existen personas económicamente ricas, pero mentalmente aún no se han permitido salir de la pobreza, no gastan en sí mismas y por ende nosotros los vemos desde afuera como tacaños, aún en las cosas más básicas. Creo que ese no es enfoque adecuado para la vida, los objetos materiales deben brindarnos bienestar y debemos tener clara su posición en nuestra vida, ¿de qué sirve trabajar por ellos sin disfrutar los beneficios?

No obstante, se ha demostrado que desarrollar la capacidad de posponer el premio o la recompensa, es una de las habilidades personales necesarias para el éxito. Cuántas veces al ir a cine ha comprado crispetas (palomitas de maíz) para acompañar la película, solo para darse cuenta que durante los cortos se las ha terminado todas y no le queda nada para disfrutar durante el filme. Sí, es importante invertir en usted, pero también es importante que no NECESITE comprar esas cosas para sentirse bien. Si usted es incapaz de mantenerse motivado sin comprarle ese traje a su pareja, y NECESITA hacerlo, debe revisar si sus motivaciones realmente le dan felicidad o si ha caído en la trampa de volverse esclavo de su propio sueño o éxito. Si se siente mejor haciéndolo pero no lo necesita, podrá decidir, pero si siente que

TIENE que hacerlo, su capacidad de decidir está siendo influenciada por su incapacidad para mantenerse motivado.

Unos párrafos atrás se mencionó algo que ha sido prácticamente tabú en el medio empresarial, la SUERTE. Sin embargo prácticamente todos los empresarios y personalidades exitosos, aceptan que ella ha tenido algo que ver con su éxito. Es posible hacer su propia suerte, es posible atraerla hacia usted. Un modo eficiente para vivir mejor es mejorar la calidad de las palabras que utilizamos y con ellos simultáneamente nuestros pensamientos, la ciencia moderna ha desarrollado métodos formales y poderosos de programación neurolingüística o PNL, que van desde las revisiones más básicas de las expresiones cotidianas, hasta métodos completos para cambiar y vencer hábitos perjudiciales e implementar nuevos. La mente es poderosa, con el método adecuado, un hombre o mujer puede caminar decenas de metros sobre brazas ardientes sin sufrir daño ni quemaduras sobre su piel. No se trata de magia negra ni vudú, se trata de programación y proyección mental, los seres humanos somos capaces de hacer cosas que a simple vista parecen increíbles o imposibles.

Para nuestro cerebro, neurológicamente no existe diferencia entre ver algo con sus ojos e imaginarlo, ambos ejercicios se comportan de forma similar en nuestro cerebro, de tal forma que el proceso de imaginación diaria es tan importante como las vivencias mismas que están teniendo lugar a cada momento, de hecho quizás más importantes, pues el potencial de imaginación es ilimitado mientras las vivencias reales se limitan por leyes físicas.

En su mente todo es posible y sí puede lograrse allí, puede transferirse a la vida diaria, con trabajado y determinación es realmente cierto que todo, o al menos casi todo es posible.

No obstante la razón por la cual a pesar de lo motivado que usted pueda estar en determinado momento para hacer algo, al poco tiempo pierde el interés, la motivación por sí misma no es suficiente, se necesita crear hábitos que lo encaminen hacia su meta y hacia el éxito. Intente implementar una estrategia diaria que lo acerque un paso hacia su objetivo y repítalo TODOS los días durante 30 días, los primeros días será difícil, después del día 20 se volverá rutina hasta formar parte de su diario.

Los humanos somos complejos, pero la repetición siempre funciona, hacer algo muchas veces hace que nuestro cerebro genere nuevas conexiones neuronales y por lo tanto cada vez nos sea más fácil y familiar. La repetición es quizás la herramienta más poderosa para aprender y perfeccionar algo. Entiendo que no parece un secreto profundo de algún monasterio antiguo que se haya guardado por siglos en un cofre para ser revelado hoy, pero la repetición es realmente la clave para la persistencia y por ende para el éxito.

La usamos cada día sin darnos cuenta, pero no necesariamente está operando a nuestro favor. Ahora que somos conscientes de su poder, podemos utilizarla a nuestro favor. Si su intención es convertirse en un gran artista en anatomía humana, deberá dibujar cada día, TODOS los días para ir ganando destrezas. Por otra parte si lo que desea es ser un gran empresario del calzado o cualquier otra área, cada día deberá aprender más de su negocio y la suerte irá apareciendo.

Es cierto que existen casos de fortunas hechas casi de un momento a otro, en pocos días o meses y es cierto que con los medios masivos de mercadeo existentes, pueden darse casos de este tipo, como de hecho pasa, pero para llegar a aprovechar esas ventajas del mundo moderno hay que saber utilizarlas, y llegar a conocerlas, aplicarlas y utilizarlas, es un proceso.

De tal forma, el secreto de éxito no es tan secreto, se trata de "trabajar, trabajar y trabajar", pero cada día aprendiendo algo nuevo y creciendo. Si nos limitamos a trabajar sin aprender y desarrollar nuevas habilidades, seguiremos estancados en la misma posición por mucho tiempo y si algún día las condiciones cambian es probable que nos demos cuenta que nuestras habilidades y métodos son obsoletos en un mundo cada vez más rápido y cambiante.

Por supuesto que es mejor ser rico que pobre, cualquiera que haya pasado privaciones económicas me dará la razón y no hay razones para que alguien tenga que vender el alma al diablo para hacer riqueza y tener éxito, basta con implementar el proceso de crecimiento y aprendizaje creativo, aprender nuevas cosas y continuar trabajando, repitiendo esas nuevas cosas hasta interiorizarlas y luego aprender otras nuevas y volver a hacerlo todo de nuevo.

En general, las cosas y situaciones nuevas, nos sacan de nuestra zona de *confort* y es por eso que tratamos de evitarlas, hasta de manera inconsciente, pero en mi experiencia, solo aceptando esa incomodidad temporal de manera RECURRENTE podemos realmente progresar, si hoy se siente demasiado cómodo con su situación, es posible que no esté creciendo o progresando, puede que esté ganando dinero, pero no necesariamente progresando hacia su meta, el tiempo sigue pasando no importa lo que usted haga o diga y todos estamos envejeciendo a cada momento, así que es mejor actuar ahora.

La vejez puede ser más dura de lo que parece, pero no tiene que serlo, todos tendremos movilidad más lenta, disminución en la salud y deterioro en prácticamente en todos los aspectos físicos, pero también es cierto que por lo general, en todos estos aspectos físicos y mentales se puede influir para mejorar la calidad de nuestra vejez, lo mismo pasa en el aspecto económico y familiar.

Yo me permito proponer algo diferente con respecto a la familia, de lo que tradicionalmente hemos recibido. ¡Los padres NO deben esperar cuidados ni retribución de sus hijos durante la vejez! Esto me ha generado debates en diferentes instancias, con personas quienes apoyadas inclusive en las escrituras sagradas, mantienen que los hijos si tienen una responsabilidad hacia sus padres. Yo lo invito por un momento a analizar mi propuesta y a sacar sus propias conclusiones.

Cuando los hijos llegan a casa, todo el foco de atención se vuelca en torno a ellos, sus necesidades, educación, formación y cuidados, entre otros, toma matices prioritarios. Dentro de ellos surgen requerimientos económicos y cognitivos, y las familias hacen lo que sea necesario para sacar adelante ese bebé, para que eventualmente se convierta en un hombre o mujer de bien. Luego, ellos hacen su vida, buscan una pareja y se van de la casa dejando su hogar y continuando el ciclo de la vida. En ese proceso los padres van envejeciendo.

Ahora, si los padres creemos que nuestros hijos deben cuidarnos y proveer para nuestra vejez realmente no hicimos un esfuerzo desinteresado cuando los cuidamos en su infancia, lo hicimos para que ellos pudieran "pagarnos el favor" cuando nosotros los necesitáramos, lo cual no suena correcto. Igualmente cada uno de nosotros ha sido el responsable de su destino desde el principio, entonces ¿por qué razón alguien ahora querría, simplemente porque tiene hijos, dejar ese destino en manos de otra persona, así se trate de su hijo?

No digo que los hijos no deban ver por sus padres y apoyarlos siempre que esté a su alcance, lo propuesto es que los padres planeemos y actuemos buscando ser y mantenernos independientes en todas las etapas de la vida. Cuando la salud se deteriore, tener los medios económicos para pagar por los cuidados médicos y medicaciones, independientemente de lo que los hijos o cualquier otra persona haga o deje de hacer.

Muchas veces escucho quejas de padres diciendo que sus hijos no los visitan, ni están pendientes de ellos o que no los han cuidado en momentos de enfermedad. Todos deberíamos tener razones para disfrutar con nuestros padres el corto tiempo que vivimos juntos en la tierra, pero al mismo tiempo no TENEMOS que hacerlo. Personalmente disfruto conversar y compartir con mis padres y abuelos, pero lo hago porque hemos creado lazos en común, somos una familia unida y nos cuidamos unos a otros, mas no porque TENGA que hacerlo, si algún día con mi esposa e hijos nos vamos a vivir al exterior lejos de ellos, sé que los extrañaremos pero ellos estarán bien, NO ME NECESITAN, así todos disfrutemos y valoremos nuestra compañía, a ese tipo de libertad es a la que me refiero.

En el próximo capítulo veremos cómo podemos acercarnos a esas metas superando esa incomodidad menor para obtener un beneficio mayor, sin morir en el intento.

CAPÍTULO 7

No morir en el intento

Todos los días veo personas que cambian tiempo por dinero y pasan sus días trabajando, sin ver que sus metas y sueños se acerquen siquiera un poco a ellos. Al mismo tiempo, veo otro grupo de personas, que entregan cada día de sus vidas a actividades y trabajos, que sí los llevan hacia una meta, pero no disfrutan ni aprovechan el proceso, dejando pasar la vida con la esperanza de algún día gozar del fruto de sus esfuerzos.

No quiero decir que trabajar duro hacia algo sea malo, de hecho en casi todos los casos es necesario hacer esfuerzos extra para lograr más y mejores cosas, pero una cosa es esforzarse y otra es sacrificarse. En el primer caso, ponemos de nuestra parte para alcanzar logros exigentes o difíciles, mientras en el segundo caso, entregamos cosas que no podemos recuperar a cambio de compensaciones futuras.

Suponga que usted decide trabajar todos los días del año doble turno para tener mejores ingresos y así darle una mejor educación a su hijo de 2 años, al cabo de ese año efectivamente tiene el dinero para pagar un mejor colegio y usted cree que el "esfuerzo" valió la pena, pero en realidad sacrificó algo que nunca volverá, dejó de ver y disfrutar los primeros pasos de su bebé, no compartió con él esa hermosa etapa de la infancia y eso no regresará. Y puede que usted todavía piense que el sacrificio valió la pena, que todo sea por una educación mejor, pero después vendrá la universidad y muchas otras necesidades y si usted siempre está dispuesto a entregar esos tiempos por algo supuestamente mejor puede que cuando su hijo sea adulto, irónicamente sea tan distante y quizá hasta piense que usted es un padre o madre materialista que solo se ha interesado en trabajar y no en estar con él o ella.

Usted había podido pensar en otras soluciones para la misma situación y poder mejorar sus posibilidades económicas, quizás otra fuente de ingresos diferente a su trabajo, por qué no otro tipo de trabajo, o tal vez comenzar una empresa, etc. Pero nuevamente de forma irónica su pereza mental, lo llevó a tomar la opción donde trabajaba más, pero no se beneficiaba más. Soy fanático de trabajar fuertemente hacia lo que deseamos, pero siempre trato de trabajar menos y ganar más, no se trata de trabajar más y ganar más. ¿No cree que eso sea posible?, se sorprenderá al darse cuenta que entre más se piensa y más se aprovechan las capacidades, habilidades y trabajo de otros se puede hacer más, ganando más, con menos esfuerzo de su parte y en el proceso le brindará bienestar a otros.

Si es empleado de una empresa, seguramente habrán personas que ganan más y otras que ganan menos que usted, pero como habrá notado, no necesariamente ese salario va relacionado con el esfuerzo que hacen, al menos no físicamente. Es probable que el operario de fábrica, quien trabaja físicamente, moviendo cajas todos los días, tenga un ingreso de salario mínimo, mientras el coordinador de área, o el mismo gerente, tienen trabajos aparentemente menos exigentes físicamente y ganan varias veces más que el primero, lo cual a primera vista parece injusto, ¿cierto?

Si le parece injusto es quizás porque se estará haciendo una pregunta como ¿quién trabaja más duro el gerente o el operario?, o quizás ¿cuál trabajador tiene una jornada más pesada? Estas preguntas olvidan el objetivo de la empresa para la cual trabajan, el cual es generar valor para los clientes que atiende. De esta forma todos los trabajos realizados al interior de una empresa, repercuten de alguna forma en un beneficio que finalmente llegará al cliente, quien es el que aporta los recursos económicos a cambio de ese producto o servicio proveído por la empresa.

Igualmente las implicaciones de las decisiones de cada cargo son diferentes. Si el operario ubica una caja de manera equivocada podría enojar a un cliente y hasta podrían perderlo, pero si el gerente toma una decisión equivocada de un segmento de clientes es probable que toda la empresa sufra y hasta quiebre costándole el puesto a todos los trabajadores.

Por supuesto no es trabajo del operario determinar la estrategia de la empresa (aunque de seguro puede aportar ideas interesantes), tampoco es trabajo del gerente mover las cajas en bodega (aunque también de vez en cuando le daría otra perspectiva de la empresa). Ambos trabajos son importantes y ambos pueden buscar formas de generar más valor para la empresa y por ende esperar mejor remuneración.

El concepto de generar más valor consiste en hacer su trabajo más valioso. Buscando que las actividades, ideas, propuestas y procesos que usted realice dentro y fuera de su trabajo tengan un impacto positivo mayor, beneficiando a más personas, optimizando los esfuerzos, costos, y tiempos realizados. Generar más valor, no necesariamente quiere decir más rentabilidad. En una empresa es fácil determinar entre dos trabajadores del mismo cargo cuál es más valioso para la empresa, será más valioso el que propone iniciativas que quien no lo hace, quien implementa soluciones creativas a problemas del diario, quien se lleva mejor con sus compañeros, entre otros.

Si el operario del ejemplo anterior, por iniciativa propia plantea una forma de optimizar el almacenamiento en la cual él tenga que trabajar menos y la empresa mejore los tiempos de respuesta y organización, su idea podría representarle un ascenso. Por otro lado si lo que su empresa necesita es equipos de montacargas, pero no están dispuestos a invertir en ellos, podría convencerlos de hacer un contrato de alquiler de equipos de montacargas que se pagarán con las reducciones de costes de trabajo manual y mayor productividad. Con ese contrato o promesa de contrato usted podría ir a una entidad financiera y obtener financiación para comprar el/los montacargas necesarios y ahora hacer un trabajo menos exigente físicamente al mismo tiempo que recibe un ingreso por el alquiler de esa maquinaria.

O quizás podría aliarse con otros trabajadores para comprar entre varios el montacargas y dividir las utilidades de los ingresos de alquiler, o cualquier otro modelo. Seguramente este ejemplo disparó una serie de alarmas en su mente, quizá: "eso no se puede", "de dónde voy a sacar el dinero", "en mi empresa jamás aceptarían eso", etc., algunas de esas preguntas, dudas y miedos son reales, pero la gran mayoría de ellas son solamente su propio yo manteniéndolo atado a su situación actual en su zona de *confort* existente.

El gerente también puede hacer lo propio con diferentes iniciativas. Sea cual sea su cargo, siempre hay formas de generar más valor y por ende esperar mejor remuneración o beneficios. ¿Es posible que usted genere más valor y que pese a ello no se le remunere mejor?. Tenga la seguridad de que si lo hace constantemente de manera inteligente, no pasara desapercibido por mucho tiempo.

Ninguna profesión por sí misma es más valiosa que otra, pero si hay unas que generan más valor que otras y ese valor es dinámico en el tiempo, cambia a medida que las condiciones lo hacen. Puede que el aseador de un edificio de oficinas genere más valor que su administrador, en razón a que si el aseador decide no hacer su trabajo bien en un día, muchos clientes percibirán el edificio como sucio, deteriorado y con mal ambiente laboral, generando pérdidas de negocios y ventas, mientras que si el administrador no hace su trabajo un día, es probable que todo siga marchando bien. Por otro lado, este último puede tomar la iniciativa y hacer actividades para mejorar el posicionamiento del edificio y traer nuevos negocios a los propietarios y arrendatarios, aumentando exponencialmente el valor de su desempeño. Todos los cargos de todas las empresas pueden generar más valor, aún más allá de lo que inicialmente puede parecer el alcance de la posición. Su trabajo es generar más valor y capacitarse para poder continuar incrementando el valor generado por su trabajo en el futuro, disfrutando a diario de este proceso.

¿Es injusto?, la respuesta no es completamente blanca o negra sino más bien gris, pero para evitar entrar en aspectos filosóficos, lo que importa es que todo en la vida NO ES JUSTO, así que a veces es mejor seguir adelante y no tratar de buscar justicia donde no tiene lugar. Suponga que usted va a nadar al mar y un tiburón le arranca una pierna, ¿es justo?, a quién le importa si es justo o no, lo importante será primero tomar las acciones necesarias para no ser mordido y segundo, si es mordido poder sobrevivir y continuar con su vida. Esfuércese por generar más valor, nótese no estoy diciendo trabaje más, sino busque la forma de que las actividades realizadas generen resultados más duraderos y útiles y por lo tanto mayor valor para las partes interesadas. ¿Cómo puedo generar más valor con mi trabajo?, ¿en qué trabajo puedo generar más valor para que se me retribuya mejor?, o quizás ¿cómo puedo proveer un producto o servicio que solucione el problema, situación o necesidad?, esas resultan ser preguntas más útiles.

Como siempre me permito hacer una advertencia al respecto. Si usted recuerda, en el colegio, quienes se ofrecían a realizar tareas adicionales, generalmente recibían sobrenombres o apodos negativos por parte de sus compañeros que no hacían nada más que lo estrictamente necesario, en algunos casos hasta se convertían en los más queridos y respetados por los profesores, pero los más odiados por los compañeros. Realmente no necesita que le diga que en muchas empresas la cultura organizacional opera de manera similar, tener iniciativas le hará ganar amigos y quizás algunos que se declararán sus enemigos, aún sin que nada de lo que usted haga les perjudique de ninguna manera, puede que hasta los beneficie, solo se trata de envidiosos y egoístas que temen, que de alguna forma su éxito los perjudique, o no quieren que nadie sea mejor que ellos, simplemente son unos amargados. No se trata de una conducta racional por lo tanto en muchos casos sus esfuerzos por revertir este sentimiento será inútil e inclusive puede resultar contraproducente. Por favor trate de no ser usted quien tome alguna de estas actitudes, sea el entusiasta.

Si realmente quiere tener éxito, deberá aprender a recibir críticas, a veces duras y en algunos casos injustas, también deberá aprender a defender su posición y propuestas con argumentos. Sé que normalmente solo se habla de la recompensa del éxito, pero para lograrlo se requieren habilidades y capacidades que deben desarrollarse y es mejor saber cuáles de ellas requiere y en cuáles necesita trabajar para incluirlas en su vida y trabajar para mejorarlas.

Capacitarse en más que solo estudiar. El estudio es una parte importante que complementa la formación personal y es una herramienta que debe aprovecharse siempre que se pueda, pero existen muchas otras formas de aprender y ganar experiencia y conocimiento. No tener recursos para una universidad no es excusa válida para no aprender algún tema en una era del conocimiento. Usted puede acceder a todo tipo de información de alta calidad sin costo y aprender de manera autodidacta. Algunas personas creen que aprender de esta forma es un modelo de baja calidad, pues no se cuenta con la confirmación de una certificación de una institución formal que avale ese conocimiento.

No obstante, cada vez más en carreras profesionales, no cuenta tanto los referentes académicos de la persona, sino su trabajo condensado en un portafolio. Si usted es estudiante de arquitectura, puede ser que todavía no tenga experiencia de campo pero nada le puede impedir desarrollar en su tiempo libre diseños para posibles proyectos, o buscar prácticas durante sus estudios, así tendrá material para mostrar sus capacidades.

Para poder trabajar de manera autodidacta en cualquier tema, la mayor capacidad que usted puede desarrollar es la automotivación, solo usted puede aprender a motivarse para alcanzar una meta. Sí logra mantenerse motivado, podrá ser persistente y con eso puede aprender prácticamente lo que usted quiera a su propio ritmo, sin estar ligado a horarios fijos como sería en la academia formal. No me malinterprete, siempre le recomendaré estudiar formalmente en una institución académica, pero también creo que debe complementar esa formación con iniciativas personales, la experiencia de las personas con las que compartimos la vida no se encuentra en claustros académicos sino afuera, hay que salir a buscarla.

Usted no solo quiere lograr ser exitoso, sino mantenerse exitoso y no necesariamente son dos cosas iguales. Montar una empresa y arrancar con ella requiere unas habilidades, mantenerla en el tiempo requiere otras adicionales, lo mismo ocurre con el éxito personal, no basta con lograr momentáneamente la situación deseada si rápidamente se pierden esos progresos y se vuelve a un estado similar al anterior. Usted debe sentir sinceramente que se merece conseguir su meta y lograr su sueño. Si no es capaz siquiera de contemplarlo es probable que no sea capaz de mantenerlo. Suponga que usted quiere duplicar sus ingresos en determinado tiempo, imagine ahora que duplica esa meta, ahora quiere ganar cuatro veces más de sus ingresos actuales, ¿parece mucho?, qué le parece si piensa en 10 veces sus ingresos actuales o 100 veces o quizás 1.000 veces. Le aseguro que no importan cuál sea su nivel de ingresos actual, hay personas en el mundo que ganan más de 1.000 veces lo que usted gana y mucho más en algunos casos. Cuando contempla esa posibilidad y vuelve a su meta de duplicar sus ingresos, su meta ya no se ve tan lejana, quizás sea el doble del actual, pero ahora en su mente es un valor justo y moderado que usted se merece y va a lograr. Nuevamente, debo advertirle de no caer en la trampa de la comparación. Puede ser una herramienta útil para dar perspectiva a las cosas, pero no puede permitir sentirse menos ni más que nadie, eso es un irrespeto con usted mismo, su único patrón de comparación válido debe ser usted mismo.

Ganar dinero es algo bueno, ganar mucho dinero es algo muy bueno. No es cierto que todos los ricos sean malos, ni que los ricos van al infierno y los pobres al cielo, eso simplemente no tiene sentido y se basa en una mala interpretación de las escrituras de la Biblia, que ni siquiera se refiere a la riqueza o pobreza material. Tendría sentido que su padre creador pusiera toda una serie de beneficios durante su vida solo para privarlo de usarlos, no lo creo. Usted ha creado una serie de mitos relacionados con el dinero y el éxito que no le sirven, es hora de revisar esas creencias y llenarse de nuevas ideas que le sirvan para alcanzar el éxito. Pensar que todos los ricos son malos lo mantiene alejado de una mejor situación económica, pues probablemente usted no quiera ser malo, pero si ahora piensa que ese poder económico puede ser usado para bien, e imagina todas las cosas buenas que haría con más recursos, eso lo motiva a estar mejor para poder hacer bien a más personas.

Algunas personas experimentan sentimientos de pena o temor cuando superan su situación anterior y se acercan a su meta, ahora pueden ver como todos los demás que no están actuando se quedan rezagados y usted progresa, pero no puede quedarse en un estado mediocre porque otros lo hacen, eso no tiene sentido, solo saliendo adelante hacia su éxito podrá ayudar a los otros, liderar por ejemplo e influenciar el camino.

Si nunca ha estado en un estado de abundancia, por lo menos mental, la primera vez que haga el ejercicio de visualización exitosa se sentirá extraño, quizás incómodo, pero ahí entra nuevamente esa capacidad para superar la incomodidad creada por situaciones nuevas. Si usted se mentaliza haciendo o teniendo determinadas cosas o actividades, le será más fácil recibirlas, aceptarlas y sentirse cómodo cuando ellas se presenten. Permítase visualizar frecuentemente frases como: "imagínese que yo fuera…". O "qué tal que yo tuviera…", o "sería genial si…", disfrutando esos momentos de su éxito presente y futuro.

No todos somos iguales, nuestras diferencias van más allá de características físicas y se profundizan en la parte mental. Hemos desarrollado diferentes habilidades, aptitudes e inteligencias, dependiendo del campo de acción que escojamos y la forma que elijamos para ganarnos la vida. Unas resultan más utilices que otras. Usted puede ser empleado, independiente o tener su propia empresa. Esta última es mi favorita por las ventajas que tiene a la larga. Lo invito a iniciar y desarrollar alguna iniciativa empresarial, no importa la dimensión inicial, casi todo comienza pequeño y en un proceso de prueba y error va evolucionando, pero por favor, no sea tan duro con usted mismo cuando cometa errores, son inevitables.

En mi caso este aspecto ha sido uno de los retos personales más duros. Tratar de entender y racionalizar los errores como parte del proceso y los sobrecostos simplemente como costos de aprendizaje es el ideal, pero debo confesar, al menos en mi experiencia, que no es tarea fácil. Crecimos con un sistema que no premia los errores, sino los resultados positivos, menospreciando la importancia de la experimentación. Cuando experimentamos, simplemente analizamos resultados, un científico no cree que ha fracasado porque ha probado decenas o cientos de combinaciones químicas sin lograr el objetivo deseado, simplemente entiende que le faltan muchas otras por probar y al menos una de esas que aún no ha probado puede generar el resultado que él espera.

Hacer pausas en el día resulta muy útil, teléfono celular en silencio (sin vibración), pero con el ajetreo diario puede parecer difícil parar durante 20 minutos. Al principio deberá obligarse a usted mismo a hacerlo, quizá colocando alarmas en su agenda para evitar pasar el día sin tener esos espacios de paz y tranquilidad. Puede llevar esas pausas a momentos de meditación pero solo con parar, sentarse en silencio y cerrar los ojos en una posición cómoda ya habrá avanzado un enorme camino. Medite todos los días al menos 2 y ojalá 3 veces al día. Comúnmente se dice que si no puede sacar 20 minutos para meditar es porque necesita al menos dos horas. Nada es tan urgente como parece y usted no es tan indispensable como quiere pensar. Unos minutos de ausencia programada se verán reflejados en mejor calidad de vida y de trabajo, por lo tanto son una inversión que bien vale la pena hacer.

Aprenda a estar solo con sus pensamientos y a confiar en usted mismo. Uno de los momentos que más disfruto en mi día, es la caminada matinal con mi perra bullterrier. Todas las mañanas por algunos kilómetros, caminamos en silencio por la ciudad. Tratando solo de observar. El can, que sirve de espejo a mis emociones no deja mentirme a mí mismo, si estoy relajado ella también lo está, si estoy tenso y no estoy siendo capaz de dejar ir mi mente, ella también se comporta igual. No necesita un perro que le sirva de espejo emocional (aunque resulta útil), pero sí necesita darse espacios de paz mental para hacer estos ejercicios. He descubierto que algunas personas no disfrutan caminar ni correr, precisamente por ese silencio que se produce en sus mentes, se aburren o impacientan pues no han desarrollado esa capacidad de aprovechar momentos de paz mental para descansar mientras su cuerpo se ejercita.

No se lo tome tan en serio, de hecho no se tome usted mismo tan en serio, seguramente ha escuchado algo así como "si usted no se toma en serio a usted mismo, quién lo va a hacer". No trato de decir que no se esfuerce por hacer un buen trabajo con seriedad, sino más bien que no le dé tanta importancia a todas las cosas. Usted también comete errores y también tiene limitaciones, permítase ser humano con todas sus características, cualidades, limitaciones y fallas. Los humanos solo vemos un pequeño porcentaje del espectro electromagnético disponible en la luz visible, solo escuchamos un pequeño segmento del sonido disponible y solo sentimos una parte de lo que pasa en el mundo, vivimos una pequeña fracción de tiempo y tenemos una capacidad cognitiva limitada, ¿qué le hace pensar que una criatura así tiene siempre la razón y no puede equivocarse?

Los errores están bien y los sobrecostos también, ¡SIEMPRE Y CUANDO APRENDA DE ELLOS! Si usted no aprende de ellos tendrá que repetirlos hasta que aprenda la lección. La vida es en ese sentido un profesor persistente que insistirá en enseñar hasta que el alumno haya aprendido y si algún día lo olvida, se la recordará de nuevo.

Cuando las cosas salen bien, continuar moviéndose es fácil, pero no siempre saldrán como uno espera. Es posible que la vida cambie de formas inesperadas, pero debe tener confianza en que todo lo que le pase, lo bueno y lo malo, TODO es para su bien. Puede que aún no vea cómo, o quizás nunca lo vea, pero siempre es para su bienestar. En esos momentos de baja energía y dificultad, debemos recordar que todo estará bien, habrá que hacer algunas cosas para llegar a ese punto de bienestar pero todo estará bien. Actuar cuando no tiene ganas de hacerlo, puede hacer la diferencia entre lograr o no un objetivo. El camino hacia el éxito normalmente no es una línea recta, es más bien un sendero serpenteante y cambiante que evoluciona a medida que nosotros lo hacemos.

Durante ese proceso a veces tendremos que comportarnos como capitán y a veces como marinero. En ambos casos necesitaremos una de las capacidades más importantes para ser exitoso, se trata de la capacidad de seguir instrucciones. Una persona capaz de seguir instrucciones, muy probablemente tendrá facilidad para darlas y el mundo opera bajo métodos y procedimientos de todo tipo, aprender a seguir instrucciones es uno de los regalos más grandes que usted puede darse para su propio bien. No estoy diciendo que se dedique a seguir instrucciones todo el tiempo sin tener iniciativas propias, lo que digo es que sea capaz de hacerlo CORRECTAMENTE cuando se requiera. En el caminar de la vida, siempre habrán clientes, jefes, subalternos con quienes necesitamos relacionarnos y quienes esperan de nosotros resultados a instrucciones entregadas, si alguna vez ha vivido la frustración de lidiar con personas incapaces de seguir instrucciones, habrá notado la importancia de desarrollar esta capacidad para hacerlo bien.

Pero en ese camino no podemos ser pasivos todo el tiempo, se requerirá de una actitud proactiva para ser verdaderamente exitosos. Al ver que el concepto de proactividad no era fácilmente entendido por todas las personas, propuse un remplazo imperfecto, así quedaría como una "actitud agresiva". No violenta, pero si una actitud de tomar la iniciativa, de salir primero.

Permítame explicarlo con un ejemplo: recientemente tuve la oportunidad de apreciar de primera mano y ver su proceso de diseño y fabricación de los prototipos existentes de automóviles de conducción autónoma, los cuales como su nombre lo indica se manejan solos, de manera autónoma, sin necesidad de ser controlados por un humano, sino por el contrario, lo hacen por medio de computadoras y sensores. Impactantemente uno de los principales problemas para esta tecnología, no ha sido el hardware, la infraestructura tecnológica necesaria para crearlos sino el software, la creación de un programa capaz de coordinar en tiempo real, toda la información necesaria para manejar un vehículo sin ayuda humana en una carretera actual.

Uno de los grandes problemas que tuvieron que enfrentar los diseñadores al momento de mover el vehículo por sí mismo, se dio en los cruces e intersecciones. Tuvieron que vivir la frustración de ver cómo el vehículo se quedaba en el cruce "esperando" a tener condiciones óptimas para cruzar de manera segura, de acuerdo a los algoritmos programados. El resultado, el carro NUNCA podía cruzar la vía, pues nadie paraba a darle vía y permitirle el paso, así que los ingenieros concluyeron lo que debía haber sido evidente desde el principio, para manejar en las vías actuales, se requiere programarle un poco de AGRESIVIDAD al vehículo, un poco de "iniciativa" para que este busque salir poco a poco o rápidamente dependiendo de lo que resulte mejor para cada situación y no se quede indefinidamente inmóvil en la misma posición esperando algo que no llegará.

Eso es exactamente lo que le ocurre a las personas, se quedan inmóviles esperando el día perfecto, las condiciones ideales, la fecha ideal para tener un hijo, para cambiar de trabajo, para viajar, para crear una empresa y es probable que esa posición de ensueño se demore o nunca llegue, es necesario colocarle iniciativa y por qué no, agresividad a las acciones que hacemos para lograr nuestros sueños, de eso se trata tener una actitud proactiva.

No importa realmente la edad, esta nunca es un impedimento, lo que detiene es el prejuicio que da importancia a la edad, estoy muy viejo para eso, o muy joven para aquello. Quién dice que ¿arrancar temprano es requisito para tener éxito?, en el mundo haga una mirada rápida a biografías de personas exitosas y notará que no hay una edad para el éxito. Dichos comunes como "perro viejo no aprende trucos nuevos" son completamente falsos, hasta para los mejores amigos del hombre, quienes sí pueden hacerlo, lo cual ha sido demostrado en los EU en escuelas veterinarias: los perros aprenden trucos nuevos a cualquier edad, lo mismo pasa con nosotros, para ello es necesario liberarse de ese prejuicio perjudicial.

Librarse de los prejuicios no será tarea fácil, pero ya hemos visto que somos criaturas de hábitos, por lo cual repetir las acciones día a día y mejorar las palabras que usamos serán dos importante herramientas.

Enfóquese en hacer más y hablar menos. El quejarse sobre algo no solo es una pérdida de tiempo, sino que incentiva la programación negativa de su mente, por lo tanto evite quejarse, enfóquese en las cosas que sí tiene y no en las que le faltan. Evite entablar conversaciones sobre banalidades del diario como el clima, son verdaderas pérdidas de tiempo y no le permiten enfocarse en lo verdaderamente importante y preste más atención a su entorno. Apreciar su belleza y características también le ayudará a ver nuevas oportunidades que han estado frente a usted desde hace tiempo.

Trabajar hacia sus metas y hacia el añorado sentimiento de éxito debe ser acompañado de un balance en la vida, para evitar quedarse en solo trabajar, trabajar y trabajar. El exceso de trabajo crónico es una de las trampas más comunes de las personas que quieren ser exitosas. El ser humano tiene muchas facetas: la parte espiritual, el aspecto emocional y el cuidado físico son tres áreas más importantes y curiosamente en este frenesí de trabajo, rápidamente pasan al olvido.

Actividades culturales y deportivas se pueden llegar a volver secundarias cuando estamos enfocados, pero de manera irónica olvidamos que ese enfoque con visión de túnel de trabajar, trabajar y trabajar, puede ser enriquecido por estas otras áreas, las cuales mantienen balanceado al ser humano. Descompensarse es más fácil de lo que parece y a veces nuestra seguridad personal nos juega en contra. Creemos que podemos trabajar fuertemente todo lo que sea necesario para conseguir algo, pero independientemente del resultado, habremos descuidado nuestro cuidado personal y unos de los principios del éxito, disfrutar ese esfuerzo y complementar nuestra vida de manera integral. El balancear sus tiempos y actividades tiene beneficios tangibles. Si las cosas no se dan de acuerdo a lo planeado y estamos descompensados, no tendremos la fortaleza espiritual y emocional para salir adelante en esos momentos de transición, por lo tanto, una vida integral nos encamina y ayuda a ser más exitosos.

A veces las cosas no salen como se espera y las oportunidades no brindan los frutos esperados, pero eso es parte de la vida, no obstante, si se da recurrentemente, puede llegar a sentir que "todo le sale mal". Realmente no es TODO y no necesariamente le sale mal, simplemente en esta ocasión el proyecto que emprendió dio resultados DIFERENTES a los esperados. Esa diferencia en los resultados obtenidos pueden sean superiores o inferiores, al mismo tiempo puede que intrínsecamente traigan consigo otra oportunidad. Debe dejar de un lado esa "nube negra" que usted mismo intenta pintar sobre su cabeza, puede que esas cosas que hoy no se le dieron como usted esperaba, más adelante resulten ser una gran bendición.

Nuestro cerebro tiene dos hemisferios y a grandes rasgos se puede describir así: uno de ellos (el izquierdo) con funciones que fortalecen la lógica, solución de problemas y matemáticas entre otros, mientras el segundo (el derecho) se encarga de la creatividad, imaginación y emotividad. Cada uno de nosotros dependiendo de componentes genéticos, de nuestra formación y experiencias desarrolla más uno que el otro. Algunos tenemos facilidad para unas cosas mientras otros complementan esas capacidades con otras propias. Para vivir una vida más balanceada tiene sentido complementar las áreas en las cuales no somos fuertes, no necesita un psicólogo que ejecute un análisis de personalidad (aunque es una herramienta útil), basta con mirar su vida y encontrar en qué es bueno, cómo decide y en qué áreas pocas veces se desenvuelve. Así podrá encontrar curiosas oportunidades para explorar nuevos y excitantes aspectos de su vida que no se había permitido antes.

Una forma de incentivar este proceso es leyendo más, en un mundo digital donde los medios interactivos mandan, la lectura tiene un espacio más reducido, pero al mismo tiempo, la lectura lleva a mundos mágicos y reales donde todo es posible, donde nuestra mente es capaz de producir películas y productos únicos, pero necesita insumos para hacerlo. Los libros enriquecen ese arsenal de materia prima disponible para el proceso creativo. Al mismo tiempo aventúrese a crear algún texto, quizá un poema, una simple carta, notas cortas, por qué no, eventualmente un libro, escriba más, encuentre excusas para plasmar sobre el papel o el teclado palabras que proyecten alguna idea, no tiene que compartirlo con nadie si no lo desea, solamente escriba. En ese proceso de escritura tuve la oportunidad de reencontrarme con algo que transportó mi infancia y desde entonces lo recomiendo para todas las personas, se trata del dibujo.

Personalmente no considero que sea un artista ni esté cerca de serlo, es probable que mis bocetos estén más cerca de lo propuesto por un niño de 5 años de edad que de un gran artista, pero sin embargo dibujo y exploro. Personas que han visto accidentalmente algunos de mis trabajos, los han apreciado mientras otros no han podido soportar la risa, pero disfruto tanto el proceso que ninguno de los dos casos me afecta profundamente. De hecho solo muestro públicamente algunos de los trabajos que a mi criterio tienen alguna valía. Usted puede pensar en una estrategia similar, bien sea con un simple lapicero o lápiz, o si lo desea con equipos más especializados, lo que funcione para usted, pero produzca algo. Puede ser de su vida diaria, puede ser una edificación, quizás intente dibujar su sueño, o a su familia, una situación especial o tal vez su fruta favorita o la persona a quien ama, al final solo le importa a usted. Hágalo por el proceso, disfrútelo, inevitablemente irá mejorando poco a poco, lo cual es irrelevante, pues lo importante es el proceso creativo que está teniendo lugar en su cerebro, recuerde no tomárselo tan en serio.

Cuando algunas personas, me escuchan proponer el dibujo como parte de sus vidas responden cosas como: "yo nunca he dibujado y me ha ido bien" o "siempre he vivido así…", o "siempre he hecho las cosas de esta forma…". Usted está leyendo estas páginas porque quiere permitirse estar mejor. Si continúa haciendo las mismas cosas de siempre, sin salir de su zona de *confort*, seguirá obteniendo los mismos resultados. Si propone y prueba cosas nuevas, la vida se volverá más dinámica. ¿Si yo no hubiera hecho muchos de los negocios en los cuales he perdido dinero estaría mejor económicamente? Sinceramente no lo sé, pero no lo creo, pues los aprendizajes de esos errores me han servido para tener éxito en iniciativas posteriores, adicionalmente esos proyectos me han mantenido con vida, activo, no podría vivir feliz sin hacer nada, sin proponer nada, sin arriesgar nada, sencillamente es mi modelo de vida, siempre necesito tener un proyecto en proceso.

Ese esquema de proyectos me ha permitido manejar la vida en segmentos y entender mejor que cada cosa es temporal y casi nada dura para siempre. Cuando hago un negocio o emprendo una iniciativa empresarial abro una carpeta física y una en mi computador donde manejo toda la información, eso me permite recordar que es solo eso, una etapa de mi vida. Si me va bien y obtengo lo que quiero genial, si no lo logro de seguro aprenderé mucho más es esta experiencia, que si todo hubiera salido como se esperaba.

La fórmula mágica es trabajar hacia un solo sentido, con una meta clara, enfocado sin desviarse, pero esto es más fácil de decir, que de hacer pues, cuando se tienen tantas posibilidades y todas parecen buenas se corre el riesgo de estar cambiando de camino frecuentemente sin lograr avances significativo en ninguno de ellos. Sé por qué lo digo pues debo luchar con esto cada día. Algunos afortunados encuentran rápidamente su FOCO, otros tardan la vida entera buscándolo. A veces estamos enfocados en algo que nos está generando resultados, pero no es la meta que queremos, cambiar de dirección a veces resulta más complejo que apuntar de cero hacia una meta, pero no tiene porqué ser así, usted puede y debe aprovechar lo que ya ha hecho en ese sector o industria que está trabajando actualmente para ayudarle a triunfar en la nueva iniciativa que planea emprender.

Aún si no tiene nada que ver, podrá demostrar valores importantes como seriedad, cumplimiento, responsabilidad, experiencia. No importa si antes fabricaba armas de defensa personal y ahora se quiere dedicar a hacer trajes de ballet, todas las buenas cosas que pueda traer de sus aprendizajes anteriores tendrán valor, no tiene porqué empezar de cero cuando ya tiene un camino recorrido, puede que al principio usted mismo se sienta un poco incómodo con su nueva presentación, pues ahora le presenta una tarjeta rosada de ballet a quien antes le compraba cuchillos de caza. Muchos de esos clientes no serán compatibles pero tal vez ellos tengan contactos, amigos, referidos, sea como sea no comenzará completamente de cero.

Para poder enfocarse debe conocerse bien a usted mismo. Por ejemplo, en mi caso sé que me aburro rápidamente de las mismas cosas, así que iniciativas y proyectos de 1-5 años resultan ideales para mí. Crear empresas y labores dinámicas son óptimas para mi personalidad, pero no necesariamente para la suya. Puede que usted sea una persona de largo plazo que prefiera dedicarse a un solo proyecto de 10-20 años, lo cual me atrevería a decir, en muchos casos es más sensato y puede brindar más y mejores frutos a largo plazo por mantenerse enfocado. Yo sencillamente no puedo hacerlo y eso está bien, de todas formas, trabajo constantemente en el tema para mejorar mis capacidades. Cada uno de nosotros debe encontrar el camino hacia el éxito, recuerde, al final, después de unos años, TODOS ¡moriremos! así que mejor aprovechemos nuestro tiempo para hacer algo con nuestras vidas.

Ahora sabe que no hay respuestas de oro, y que necesita confiar en sus capacidades, no importa si antes no ha tenido éxito, o si no tiene experiencia o recursos propios para comenzar con una iniciativa empresarial personal. Estos dos últimos aspectos son los "peros" más comunes cuando alguien comienza una empresa o emprendimiento. No tiene que ser así, con astucia y haciendo las preguntas adecuadas podemos lograr cosas increíbles. Conozco por lo menos una persona que ha logrado que otros hagan por él obras valoradas en cientos de miles de dólares, solamente con el poder de la palabra, no hay sobornos ni torcidos, ni nada negativo, todo lo contrario, este personaje es capaz de diseñar un plan y convencer a otros de que está en su mejor interés, hacer lo que él propone y al mismo tiempo todos se benefician.

Generar ventas repetitivas o visto desde el punto de vista opuesto, recompra, es indispensable para el exitoso de cualquier tipo de iniciativa: un servicio, un trabajo, producto, etc., todos dependen de que alguien compre de manera repetitiva lo que uno tiene para ofrecer. Si usted es médico y hace bien su trabajo, el paciente volverá a su consultorio la próxima vez que requiera atención médica. Si hace un trabajo especialmente bueno, hasta lo recomendará con familiares y amigos. Si usted es empleado, y su jefe le encomienda una labor, la cual usted efectúa con eficiencia, es posible que él lo busque nuevamente cuando ese trabajo se requiera y cuando le pregunten o pidan recomendaciones sobre posibles candidatos para mejores cargos piense en usted y su desempeño especial. En el caso de la empresa propia es todavía más evidente. Si vende solo una vez, pues sus productos o servicio no están a la altura de lo esperado por sus clientes y rápidamente se quedará sin ellos. Independientemente de lo que usted haga, debe pensar que las personas que se beneficien de su trabajo, quieran volver a "comprarle".

Como vimos en capítulos anteriores, la actitud de "tener éxito o morir en el intento", busca tener ¡éxito!, ¡pero sin morir en el intento! Es decir, teniendo al mismo tiempo una actitud que refleja que estaríamos dispuestos a hacerlo si hiciera falta. Al quitar cualquier tipo de impedimentos, limitaciones y restricciones sobre lo que debemos y podemos hacer, la vida se vuelve más apasionante y realmente no necesitamos poner en riesgo nuestras vidas ni la de nadie más, solamente tener la determinación de hacer lo que debamos hacer para lograr nuestras metas.

Vidas completas pasan por este mundo, sin que se hayan sentido vivos más que unos cuantos días especiales, lo cual es un completo desperdicio. Vivir como si no hubiéramos vivido por miedo a morir en el intento, es una situación que no puede pasarle a usted. Poner todo nuestro empeño de frente, sin tantas palabras de adorno, de forma descarada y cruda para lograr nuestros sueños debería ser más común y espero, que por lo menos en su vida, de ahora en adelante lo sea para usted. Al principio, es probable que algunos se rían de su nueva actitud, otros sean incrédulos, pero al final su determinación triunfará, en palabras de Antoine de Saint Exupéry "El mundo se aparta cuando ve pasar a un hombre que sabe para donde va", o puesto en la frase de Bertrand Arthur William R "Cuando un hombre sabe para donde va, el mundo entero se aparta para darle paso".

Ponga todo su corazón en su meta, aun así, es posible que no la logre, pero disfrutará el proceso y al final estará mejor que cuando empezó, no le quedará la duda de qué hubiera pasado si lo hubiera intentado, estará orgulloso de su propio progreso y buscará divertirse cada día, al menos un poco, eso sí es garantizado. Así que sea cuidadoso con sus decisiones y evite volverse esclavo de su meta, disfrute la vida y trate siempre de mantenerla balanceada y equilibrada.

Parecerá increíble, pero en los siguientes años se estima que en el mundo, la principal causa de muerte no natural, será el suicidio. De hecho durante el año 2013 España ya reportó cifras señalando el suicidio como principal causa de muerte no natural. Ya es una realidad, no es un hipotético futuro sobre el cual no tenemos certeza. A su vez, estos decesos se atribuyen en más del 90% a depresión. Así es, la depresión amenaza nuestra propia vida. Algunos son más sensibles que otros y más propensos a ella, pero una cosa es ser sensible y otra estar crónicamente deprimidos por cualquier cosa que pasa o deja de pasar en nuestra vida.

Ciertamente no soy médico y no pretendo proveer consejo en ésta área, pero sí puedo advertir lo que me ha funcionado en el pasado. Esto vuelve al hecho de conocerse a sí mismo, el estar dispuesto a revisar mis emociones y tratar de entender cómo me siento, para poder estar atento, detectar detonantes de tristeza y posibles síntomas de depresión. Muchas veces cuando nos sentimos tristes o deprimidos, no sentimos deseos de hacer nada y solo queremos seguir ahí, en ese estado disminuido, no obstante al estar alerta a estos estados podemos buscar formas de levantar el ánimo. Amigos y familia pueden resultar útiles, aunque solo nosotros sabemos cuáles son las cosas que funcionan en nosotros. Buscar ayuda de un psicólogo puede resultar muy beneficioso, en mi opinión el trabajo de estos profesionales es ayudarle a encontrar sus propias respuestas. Cuando comparto con amigos el trabajo psicológico y el proyecto de vida que he venido realizando, trabajando con apoyo de profesionales del área, algunos se sorprenden, pues creían que el psicólogo era solo un "loquero", encargado de tratar a personas enfermas, pero seamos sinceros con nosotros mismos, en el fondo de cada uno de nosotros siempre hay algo por mejorar y para cada parte de nuestro cuerpo existe una profesión capaz de ayudarnos. Lo mismo ocurre con la mente, ningún profesional va a colocar cosas en su mente, usted mismo encontrará respuestas a sus propias preguntas, pero su guía resulta muy valiosa.

Bill Gates uno de los hombres más ricos del mundo durante años, reveló una de sus frases diciendo "nacer pobre no es su culpa, pero morir pobre si lo es". Algunos lo criticaron de clasista, diciendo que hay personas que trabajan como robots todos los días de su vida, sin nunca alcanzar la riqueza, pero creo que es precisamente ese llamado de atención al que se refiere. ¿Por qué querría usted hacer algo así? Esta poderosa frase deposita toda la responsabilidad de los resultados de nuestras vidas y en nuestra propia persona, no necesariamente se trata del aspecto material, se puede ser rico y pobre en casi cualquier aspecto: cultura, musical, familiar, emocional, espiritual, etc. TODOS ellos responsabilidad suya. Usted vino al mundo con una serie de capacidades, en una época de oportunidades, donde hay herramientas nunca antes vistas, qué mejor época que ahora para hacer algo con su vida. Nació pobre y ha tenido una vida "dura", es hora de usar eso a su favor. ¿Ha sido privilegiado y ha tenido todo a su alcance desde que era niño?, sin duda estas son razones más que suficientes para hacer lo propio.

En mi vida he buscado implementar tres máximas, que me ayudan a recordar que los grandes logros requieren esfuerzo, a la vez que me mantienen fiel a mis principios y finalmente, me recuerdan el ser feliz en el camino. Me permito proponerlas para su camino hacia el éxito con la esperanza que le sirvan tanto como a mí.

Trabajar duro
Servir y agradar a Dios
Disfrutar cada día

El orden no define prioridades y es susceptible a cambio, en mi caso siempre mantengo "trabajar duro" primero, pues es la frase que me genera más sentido de urgencia incentivándome a actuar, de esta forma, recuerdo hacer lo que debo hacer cada día y a pesar de que siempre mi Poder Superior está en cada decisión tomada, las uso en ese orden. Pruebe cómo funciona mejor en su vida, qué lo motiva y lo ayuda a acercarse a su éxito. Este tampoco es un modelo estático, cuando siento que me he enfocado demasiado en trabajar consistentemente y estoy descuidando otros aspectos de mi vida, invierto el orden, dejando "disfrutar cada día" en primer lugar o si en alguna época siento estoy desenfocado en mi parte espiritual, "servir y agradar a Dios" tomará la delantera.

Al mismo tiempo, debemos tener confianza en un Poder Superior para hacer lo que debemos hacer, eso nos ayuda a mantenernos caminando tranquilos y seguros en momentos difíciles y recordar que todo es para nuestro bien. No importa la religión que practique o predique, lo importante es entender que hay un "algo" o "alguien" más grande que nosotros. Por ello en orden de importancia, el foco de mis acciones lo mantengo como se me enseñó en la infancia en los Boy Scouts (niños exploradores):

Primero Dios (o su Poder Superior como usted lo conciba)
Segundo la familia
Tercero lo demás

Este orden de prioridad nos permite enfocarnos en aspectos lejanos a nosotros mismos y curiosamente, ese desprendimiento, resulta favorable para cumplir nuestras metas personales. Si nos concentramos solamente en acumular riqueza o beneficio personal, podremos tomar decisiones de las cuales después no nos sentiremos orgullosos. No obstante, si decidimos buscar la forma de hacer el bien, al mismo tiempo que generamos bienestar para nuestra familia, encontraremos formas de atraer la misma riqueza, pero esta vez tendrá sentido y garantizaremos que seamos coherentes con nosotros mismos.

El éxito es mucho más que solo bienestar físico y económico. Recuerde que el éxito es personal, al igual que lo es el proceso para lograrlo.

Las fórmulas para la riqueza y para los negocios son una parte de la ecuación, pero la fórmula para una vida de éxito implica un espectro más amplio de la forma humana, donde se afectan todas las facetas del ser.

Es probable que todo esto lo motive a llevar una vida mejor balanceada, pero para lograrlo necesita trabajar en formar hábitos que lo ayuden a cumplirlo, en el próximo capítulo encontrará métodos y herramientas para encaminarse hacia un éxito del cual, su niño interior y su adulto maduro, ambos se sentirán igualmente orgullosos.

CAPÍTULO 8

¿Por dónde comienzo?

Siempre hay excusas para no comenzar. Dicho de forma más honesta, siempre podemos inventar excusas para no hacer lo que debemos hacer. Igualmente, siempre hay riesgo y cosas que se pueden perder al iniciar una actividad. Las excusas no tienen validez, son un lujo que usted no puede permitirse, dada nuestra naturaleza mortal, la vida en sí misma es riesgosa y peligrosa para nosotros, un pequeño descuido en cualquier momento, puede hacer de ese instante el último. Pese a lo anterior, vivimos como si tuviéramos todo el tiempo del mundo, pasando días enteros sin disfrutar lo que hacemos, sin intentar dar el sentido que queramos o posponiendo el inicio de nuestro sueño.

Estoy convencido que la mejor forma para lograr lo que se quiere es cultivando un *set* de habilidades y capacidades capaces de apoyarlo en ese proceso. Dentro de ellas a lo largo del libro se han venido sembrando semillas de las más importantes, siendo la capacidad para generar nuevos hábitos con AUTODISCIPLINA, probablemente la más significativa de ellas. No se trata de trabajar como hormigas desempeñando un oficio ciegamente, disciplinadamente, sin nunca progresar hacia ningún lado, sino de todo el tiempo analizar las formas de estar mejor.

Cambiar nuestra vida de rumbo puede ser tan difícil o fácil como queramos. He visto personas cambiar toda su vida en una semana, cambiando drásticamente el sentido, actividades, profesión y hasta la locación geográfica en el mundo. Lo que nos agobia al pensar en el cambio son las posibles consecuencias negativas. En ese momento durante el análisis valoramos lo que tenemos y tememos perderlo, usted puede jugársela por su sueño, arriesgar y perder, esa es una posibilidad real y si eso pasa y vive momentos duros, con el grupo de habilidades mentales correctas siempre podrá salir adelante nuevamente. Por el contrario, puede apostar por su sueño y ganar, cuando eso pasa, la felicidad se apodera de su vida, si es posible hacer lo que siempre ha querido.

Este proceso no es mágico (aunque a veces lo pareciera), es una serie de acciones y consecuencias que nos llevan hacia un destino u otro. Usted debe planear con el peor escenario en mente, que es lo peor que le puede pasar si todo sale mal, no "terribilice". Definiremos la "terribilización" como la capacidad para hacer que cada escenario sea lo peor posible y donde los resultados son siempre terribles con condiciones nefastas.

Trate de ser objetivo, si deja su trabajo por montar una empresa y no logra resultados, ¿cuánto tiempo podría subsistir sin ingresos?, ¿cuánto dinero puede reunir?, ¿qué ocurre si finalmente debe desistir de la iniciativa? Esto no siempre resulta sencillo de hacer porque permitimos que las emociones se interpongan. Intente hacer estos cuestionamientos como si se tratara de otra persona que le está pidiendo consejo y no de usted mismo. Tenga en cuenta su edad y necesidades familiares. Después tome una decisión. Si los escenarios negativos son MUY probables, busque forma de ganar conocimiento y aliarse con personas que le ayuden a disminuir esa probabilidad, si persisten y sus consecuencias son potencialmente devastadoras (lo cual ocurre en muy pocos casos) quizás debe analizar nuevas posibilidades.

Suponga por ejemplo su sueño es ser astronauta. Al mismo tiempo usted vive en un país donde no hay programa espacial, ni empresas privadas del sector. En el ámbito personal tiene limitaciones físicas que le impedirían hacer el trabajo, puede pensar que quizás nunca vaya al espacio y rendirse de este "inalcanzable" sueño, o quizás pueda buscar formas de intentar realizarlo.

Puede trabajar en una industria relacionada, capacitándose como ingeniero aeroespacial, probablemente requiera desplazarse a los sitios donde estén estas empresas, pero hoy en día con la carrera por la exploración de Marte en auge y los proyectos de minería de helio 3 en la luna entre otras cosas, no es algo descabellado, sin embargo deberá entender que ser astronauta quizás no sea completamente viable.

Aunque puede optar por otra posibilidad, tal vez más sencilla. Podría buscar o montar una empresa o negocio en otra de sus pasiones, donde tenga capacidades ya existentes que le ayuden a lograr el éxito y eventualmente de sus ganancias, poder reunir los USD 250.000 que cuesta un viaje de turismo espacial con una empresa privada. Técnicamente sería un astronauta, podría ir al espacio y no tendría que cambiar tan drásticamente su vida actual. Su empresa puede ser de producción de caramelo, ropa, calzado, alta tecnología, o cualquiera que se le ocurra y las ganancias lo llevarían a cumplir otro de sus sueños.

Hasta los sueños más "descabellados" se pueden volver viables, primero pensando y luego actuando en consecuencia.

Normalmente no tenemos un único sueño, sino más bien un montón de ellos, generalmente distintos, algunos complementarios, otros aislados y hasta opuestos. Usted puede cumplir muchos y quizás todos sus sueños, para ello debe actuar de manera inteligente y aprender a priorizar sobre ellos. Por ejemplo, uno de sus sueños puede ser conocer o vivir en Paris, mientras el segundo puede ser CEO de cierta empresa, podría cumplirlos ambos sin que sean mutuamente excluyentes. Por otro lado, si uno de sus sueños es ser atleta olímpico de velocidad y el segundo es ser campeón de sumo, notará que los requerimientos para ambas disciplinas no son compatibles, en este caso deberá priorizar y determinar por cuál de ellos va a trabajar primero, si decide ser rápido puede que nunca sea sumo, o viceversa, pero si ambos están en su corazón podría llegar a competir en ambos, siendo consciente de que necesitará voluntad y disciplina de hierro para ello.

Rodearse de personas que hayan logrado lo que usted intenta y están mejor que usted resulta útil y frecuentemente muy favorable, por ello las habilidades sociales son en muchos casos determinantes para el éxito. Se ha demostrado que sus ingresos anuales son el promedio de los ingresos de las tres personas con las cuales comparte más tiempo.

Esto último resulta determinante y refuerza la importancia de utilizar bien nuestro tiempo y relaciones sociales. Normalmente, en su trabajo y hogar tiene un número de personas con las cuales debe compartir ciertos tiempos, sobre los cuales se tiene control limitado. Normalmente los compañeros de trabajo, jefes o subordinados no son de selección propia, sino que se asignan a ciertos cargos y debemos interactuar con ellos. Pero existen otros espacios sobre los cuales usted tiene control casi absoluto, puede decir que hacer en sus noches, tiempos libres y fines de semana, puede escoger los sitios, actividades y personas con las cuales los comparte, lo cual crea una gran ventana de oportunidad para interactuar con otros talentos. No obstante, existen otras formas de interactuar con personas a quienes usted no conoce personalmente, la lectura es una manera de llegar a la mente de personas de todo el mundo con toda clase de experiencias de vida, ¿qué mejor forma de conocer a otro que pasando horas en su mente? Un libro requiere de cientos de horas de trabajo, un artículo en una revista por lo menos algunas horas de preparación, por lo tanto durante ese tiempo usted compartirá el equivalente a muchas horas de vida con la persona sobre la cual intenta aprender algo. Nadie es perfecto, pero de seguro todos tienen algo que nos pueden enseñar.

Algunos de esos sueños no son más que deseos disfrazados, no están en el centro de nuestro ser ni llegan al fondo de nuestro corazón, esto es algo humano, se trata de la motivación que sentimos al ver a otros hacer algo muy bien, su pasión nos inspira a querer hacer lo mismo. Ocurre no solo con las artes, sino casi con cualquier actividad. Es posible encontrar inspiración en ello, pero debemos ser sinceros con nosotros mismos y preguntarnos, es un antojo o capricho pasajero o es ese realmente mi sueño de vida.

Una forma para depurar sueños es lo que he llamado chequeo de realidad (*reallity check*), se trata de una herramienta de empatía personal en la cual en nuestra mente corremos una simulación de cómo sería nuestra vida en caso de lograr nuestro sueño. Para hacerlo más realista, sirve ver cómo viven quienes tienen o hacen lo que usted aspira, imaginar sus actividades diarias y simular en su mente cómo sería el hacerlo cada día, durante los siguientes 5 años. Suponga que su sueño es ser cantante profesional y viajar por el mundo en conciertos, fiestas y ruedas de prensa. Probablemente su primer impresión sea que ese estilo de vida es genial, pero a medida que simula como día tras día debe salir de un sitio para otro, los cuidados que debe tener con su voz, disciplina con su cuerpo y la enorme visibilidad de una persona pública, puede llegar a darse cuenta ya no está tan seguro de esa idea.

Si tiene la oportunidad hable o lea sobre otros artistas y las características de su estilo de vida, cómo manejan su familia y amigos, cuáles son los pros y contras. Puede que usted haya "terribilizado" el lado negativo de su sueño o puede que haya idealizado lo positivo, pero también puede que su imagen se acerque bastante a la realidad. Si al final de esta simulación mental, se siente más feliz y entusiasmado que al principio, quizás su sueño realmente le sirva, si no es así, quizás necesite más información o puede que finalmente no sea más que un antojo pasajero. Es recomendable hacer esta simulación en diferentes oportunidades y diferentes ambientes, para tratar de ser objetivo. Si usted se imagina todo esto en un día que ha tenido dificultades o se encuentra bajo de ánimo, es probable que todo este influenciado por ello, igualmente existen **días en los que sentimos como si pudiéramos hacer cualquier cosa, por lo tanto es recomendable repetir el ejercicio al menos tres oportunidades, aunque claramente podrían ser todas las veces necesarias.**

Adicionalmente este ejercicio de simulación le ayuda a hacerse preguntas sobre información que desconoce relacionada con su sueño. Una amiga hace un tiempo compartió conmigo uno de sus sueños más añorados, se trata de conocer un sitio específico de África, donde puede interactuar con animales al mismo tiempo que disfruta del *confort* y lujo de una reconocida cadena hotelera. Mientras hablamos, le pregunté cuánto costaba realizar ese sueño, ella no lo sabía, así que entramos a la página web del sitio en cuestión y nos dimos cuenta que no se trataba de una única locación, sino de varias posibilidades en África, seguidamente solicité una cotización y en pocos minutos teníamos detalles de las características y precios del servicio.

Después le pregunté en que época del año le gustaría ir. Ella tampoco había pensado en eso, buscamos información y nos dimos cuenta que la mejor época del año para visitar su destino de ensueño, coincidía con la época de menos trabajo para ella cada año, lo cual colocaba su destino más cerca de ella. Pocos segundos después solicitamos un folleto digital que llegó inmediatamente al correo electrónico, podríamos realizar la reserva para el siguiente año si queríamos. Posteriormente cotizamos los *tickets* aéreos por diferentes rutas para encontrar la mejor para ellos, no solo en tiempos y costo, sino en posibilidades para hacer escalas interesantes en el proceso. En pocos minutos ella pudo concretar su sueño, había pasado muchas horas pensando e imaginando como podría hacerlo realidad, pero al mismo tiempo el pensamiento de "eso debe ser muy caro" o "algún día…" había evitado que siquiera supiera qué debía hacer para cumplirlo. Para ella, los recursos económicos necesarios para hacer su sueño resultaron ser altos pero alcanzables, inclusive si lo hubiese querido, con los cupos disponibles en la tarjeta de crédito podía haberlo comprado todo YA MISMO, en ese mismo instante.

Nuestros sueños existen para servirnos, no al contrario. Algunas personas temen saber qué se requiere para hacer realidad sus sueños, sienten miedo de saber cómo funciona el mundo en esa área de su interés, pues temen que las respuestas sean devastadoras y nunca puedan realizarlos. Las respuestas que encontremos no son más que formas de lograrlo, de ellas debemos seleccionar las que mejor nos pueden funcionar a nosotros. En algunos casos pueden parecer agobiantes al principio, pero en muchos otros encontrará que su sueño es más fácil de realizar de lo que usted pensaba y puede estar más cerca de él de lo imaginado.

No pase entera la información recibida, atrévase a indagar y preguntar, su éxito depende de ello, ninguna pregunta es "tonta" y las personas que la formulan no son inherentemente "estúpidas", todo lo contrario resulta muy inteligente preguntar lo que se desconoce o no se entiende; buscando respuestas que podamos comprender, de lo contrario sí seremos unos tontos por actuar sin entender que estamos haciendo. El nivel de coeficiente intelectual (IQ) y capacidades cognitivas de las personas son diferentes en cada ser, de todas formas, no existe una regla que diga que por ser una especie inteligente, solo podemos actuar inteligentemente. TODOS PODEMOS ACTUAR DE MANERA TONTA, de vez en cuando y aunque su IQ es de genio, tiene todo el derecho a hacer alguna tontería. Libérese de esa presión.

Cuando dicto charlas, cursos o conferencias, en la audiencia suelen haber personas muy capacitadas en los temas que estoy tratando, por lo cual las preguntas suelen ser muy interesantes y no siempre tengo todas las respuestas, siempre intento dar lo mejor de mí, pero ser considerado "experto" en determinado tema, no exige que alguien tenga que saber TODO en un área. De hecho en mi opinión, un experto es alguien que ignora menos cosas que la mayoría en su campo de conocimiento. Debo confesar, que al principio, los momentos de preguntas eran espacios de gran ansiedad, pero después de que comencé a implementar el método de liberación mental y acepté que todos tenemos limitaciones, las disfruto más que toda la conferencia en sí misma, pues puedo tener contacto de primera mano con la opinión y conocimiento de otras personas.

Esto es válido para todas las áreas de la vida, no tenemos que sabernos TODO de NADA, pero cuando se requiere saber algo para lograr algo que actualmente no está a nuestro alcance, podemos usar el conocimiento de otros. Está bien pedir ayuda, está bien recibir asesoría, está bien equivocarse, no tiene que hacer todo solo y no todo lo tiene que hacer bien.

¿Por qué decidí dejar el comienzo para el final? No tiene sentido pretender comenzar a dictar instrucciones en mandarín (Chino) a alguien quien no habla el idioma. Ahora que me ha acompañado por ocho capítulos, está mejor equipado para continuar con su camino hacia el éxito, con mejores herramientas.

Recuerde las tres máximas propuestas en el capítulo anterior: trabajar duro, servir y agradar a Dios y disfrutar cada día. La vida no es un arco iris con una vasija de oro al final, es un camino con una serie de monedas en el proceso, es muy fácil entrar en la carrera de trabajar para tener sin disfrutar, olvidando recoger esas monedas de alegría y felicidad diaria que nos da la vida, esperando mucho oro al final, pero al final siempre TODOS fallecemos, resulta más inteligente disfrutar el proceso.

La sociedad moderna está regida por un sistema económico, donde el dinero es el medio más común para adquirir bienes y servicios de cualquier tipo. En otros casos se realiza trueque o intercambio cosas, en este caso, las partes vinculadas al trato, acuerdan el valor equitativo (al menos para ellos), haciendo de ese un intercambio justo. En cualquiera de los casos se requiere tener, conocer o saber hacer algo de valor, para acceder a beneficios proveídos por otras personas o empresas. Esto hace que prácticamente todos los sueños deben tener en cuenta el aspecto económico del mismo y como hemos visto anteriormente, esta es la excusa más frecuente para no trabajar en lo que queremos.

Trabajar es la forma más común de generar recursos o ingresos, pero lo que se hace con ese dinero o recursos, es tan importante como la misma capacidad de generarlos. El manejo del dinero es un tema que requiere formación y educación financiera, entender la diferencia entre activos y pasivos es clave para las decisiones de compra o inversión en la vida. Si compra activos, estos le generaran ingresos, mientras si adquiere pasivos, estos sacarán dinero de su bolsillo cada mes. Al mismo tiempo puede comprar activos que ayuden a pagar sus pasivos y juguetes. Si siente que este es un tema nuevo y ajeno a su conocimiento actual, documentarse y educarse en temas financieros repercutirá en mejores decisiones.

¿El éxito requiere educación financiera?, grandes empresarios han logrado hacer fortunas utilizando únicamente las cuatro operaciones básicas (suma, resta, multiplicación y división) y lógica una lógica de sostenibilidad irrefutable, para tener éxito hay que ganar más de lo que gasta. No obstante mayor conocimiento del funcionamiento de las finanzas da mayor entendimiento del funcionamiento del mundo y en muchas áreas profesionales, se vuelve requisito básico.

Trabajar no necesariamente quiere decir ser empleado de una empresa, se puede trabajar como profesional independiente, o quizás como atleta o artista, también puede constituirse una empresa propia. Las empresas normalmente generan más dinero que personas independientes, porque ayudan a más personas a resolver un problema o suplir una necesidad, o en su defecto resuelven problemas más grandes y se les retribuye por ello. El enfoque es dar soluciones.

De esta forma, para ser exitoso, hay que solucionar más problemas o necesidades. Cuando alguien me pregunta: ¿cómo puedo comenzar, mi sueño es… y en eso no se puede ganar dinero? En TODO es posible ganar dinero, hay que ser creativo, pero siempre que haya un problema o necesidad hay una oportunidad, solo hay que encontrarla y buscar opciones para solucionarla. Así que mi primer pregunta para esa persona sería, ¿qué problemas o necesidades, solucionan su sueño para otros?

Estamos tan enfrascados en NUESTRO sueño que no nos damos cuenta que solucionar problemas y necesidades de otros es la mejor forma de lograrlos. Permítame colocarle un ejemplo. Un grupo de amigos practicaban frecuentemente el Kiteboarding, un deporte extremo que ha ganado notable popularidad y soñaban con viajar por el mundo buscando las mejores playas, olas y viento para practicarlos. Uno de ellos se dio cuenta que ese era un sueño compartido por muchas personas (NECESIDAD), pero ninguna empresa ofrecía algo así, también resultaba difícil de organizar independientemente, pues se requerían conocimientos específicos de esos lugares y disponibilidad para viajar largos tiempos, lo cual hacía complejo de realizar el proyecto.

Después de hacer el análisis y números respectivos para el negocio, decidió montar una página web donde ofrecía una experiencia de viaje por el mundo para visitar los mejores lugares del planeta para practicar Kiteboarding a bordo de un catamarán con capacidad para casi dos docenas de personas, ofreciendo varios planes de diferente cantidad de días, en diversos lugares del mundo a medida que el bote le daba lentamente la vuelta al mundo durante un periodo de 5 años. Las reservas y ventas comenzaron a despegar rápidamente y con esos dinero se dio el depósito para comprar el bote a crédito, poco a poco constituyó mejor el esquema de negocio y contrató algunas personas para hacer lo que él no podía o no sabía hacer. Durante 5 años viajó por el mundo a bordo del catamarán con otras personas que pagaron para que él pudiera realizar su sueño, haciendo lo que él más le gusta cada día. Al final de ese periodo terminó también de pagar el bote el cual le quedó como ganancia adicional a su aventura. Nadie puede negar la audacia y valentía de este joven, para crear tal empresa en la que su espíritu aventurero y deseo de tener éxito en su campo de acción lo sacaron adelante.

Cuando se leen o escuchan las historias de éxito de empresas o personas, no siempre se incluyen los momentos difíciles y frecuentemente dolorosos que han tenido que superar para llegar a la meta que han aspirado, pero si indagamos, en todos los casos han habido errores y situaciones que han puesto en duda y riesgo todo el proceso.

La valentía no es la ausencia del miedo, sino la capacidad de actuar a pesar de él y para ser exitoso hay que ser valiente, desarrollar la capacidad de actuar pese a que sienta miedo o temor y no tenga ganas de hacerlo.

La motivación es pasajera y no funciona por sí sola, depende de sentimientos y ánimos temporales, por eso los programas netamente motivacionales tienen resultados de largo plazo moderados, la persistencia generada por la disciplina por otra parte logra mejores resultados, pues lleva a la persona a ser capaz de hacer lo que se requiere aunque no tenga ganas de hacerlo, y aun cuando la motivación momentánea y el estado de ánimo temporal no estén de su lado, la disciplina vencerá.

Sus acciones son el reflejo de sus decisiones y determinan el rumbo que toma su vida. Si no está en el camino que quisiera es porque no ha tomado decisiones y acciones que lo encaminen en el sentido que desea. Para cambiar necesitará tomar decisiones valientes, con acciones que las respalden, usted puede escribir por todas partes que va a mejorar su salud mediante alimentación y ejercicio adecuados, pero si no actúa en consecuencia con ello, difícilmente lo logrará.

Cada uno de nosotros camina por un sendero que hasta el momento le ha entregado ciertos resultados. Hay quienes piensan que cambiar de rumbo es fracasar en lo que se venía trabajando. Un empleado hace un tiempo se retiró de la empresa para comenzar una iniciativa de empresa propia, montó un restaurante con su pareja, pero a pesar de conocer personas en el sector con experiencia en otras áreas que ellos no tenían, decidieron hacer todo solos. Al cabo de ocho meses, después de haber agotado sus ahorros y a pesar de tener ventas diarias, su mal manejo de las finanzas los llevó a cerrar el negocio y a buscar trabajo nuevamente.

Cuando él compartió conmigo su historia, yo desconocía que él había estado trabajando en su propia empresa, pues me hubiese gustado apoyarlo, sin embargo como él no utilizó sus contactos, solo nos enteramos después de todo el proceso. Comenzó diciéndome "Creé mi propia empresa y FRACASÉ…". No pude evitar detenerlo en ese momento, para hacerle ver todas las enseñanzas y experiencias que había tenido, al lograr esta iniciativa, sin importar que el resultado económico no hubiese sido positivo, todo lo aprendido le serviría para su próxima empresa. Ahora fue él quien me detuvo y dijo "Yo nunca volveré a montar empresa…". Yo le expliqué que en poco tiempo, cuando el dolor de esta experiencia hubiese pasado y solo quedaran los aprendizajes, su naturaleza emprendedora lo llevaría nuevamente a iniciar otra empresa con mayores posibilidades de éxito.

Un año después, ocurrió lo pronosticado, inició una empresa de mensajería y servicios de compras domiciliarias, en ese momento le resultó clave toda la experiencia anterior para hacer de esta empresa un éxito y ayudar a proveer lo necesario para su familia en tiempos difíciles. Ahora ambos conservan sus trabajos de medio tiempo y el resto lo laboran en su propia empresa. De igual forma, están estudiando en las noches para mejorar sus capacidades y más adelante poder montar otro restaurante de manera exitosa. No es la ausencia de miedo la que mantiene esta familia a flote, sino las decisiones valientes, así como el deseo de salir adelante y ser exitosos, esforzándose en el proceso.

Es cierto que no todos somos iguales y en términos financieros cada uno debe revisar su propia situación y así tomar decisiones adecuadas para cada quien. Siempre hay opciones. Una persona de 60 años que ha sido empleada de la misma empresa, en la misma área de desempeño toda su vida y de repente pierde su empleo, notará rápidamente la rudeza del mercado laboral, personas más jóvenes y mejor capacitadas, a veces dispuestas a trabajar por menos dinero afectarán los trabajos disponibles. Esa persona puede pasar días difíciles hasta encontrar soluciones personales, como puede que logre ser dinámica y ubicarse en otra empresa o quizás aliarse con alguien para proveer un servicio, o enseñar a otros a hacer su trabajo, etc. Puede ser que volver a buscar trabajo ya no sea una opción viable, aunque puede que sí, lo importante de este ejemplo es darse cuenta que cada modelo de ingresos tiene sus riesgos y oportunidades, cada rumbo seleccionado tiene sus características.

Si usted es empleado se sentirá tranquilo por recibir ingresos mensuales "fijos" pero al mismo tiempo, independientemente de sus necesidades personales, la empresa que lo emplea puede prescindir de sus servicios en cualquier momento. Si es empresario, debe lidiar con todos los retos de mantener una empresa a flote, sus recompensas económicas y en libertad de tiempo serán quizás más grandes, pero su esfuerzo también será proporcional. Recuerde que nadie es joven para siempre y es su responsabilidad planear su juventud y vejez de manera responsable e independiente.

Muy pocas cosas son certeras en la vida y otra cantidad aún menor son eternas, una posición laboral, una empresa y sus habilidades y capacidades personales no son algunas de ellas, por lo tanto siempre debe estar abierto al cambio.

Literalmente TODOS tenemos sueños por realizar, si usted creía que el soñar era algo que estaba olvidado que nadie soñaba, piense de nuevo. Cuando participo en eventos empresariales y de emprendimiento suelo hacer esta pregunta, solo para ver por un instante como TODAS las manos del auditorio se levantan, ¡SIEMPRE! No está solo en este proceso, aún esa persona con la cual usted tiene dificultades para relacionarse y tolerar su forma de ser, tiene sueños y aspiraciones, los sueños nos definen, nos recuerdan que somos humanos y siempre nos queremos superar a nosotros mismos.

Nunca se dé por vencido. Cuando tenga deseos de renunciar a sus sueños y dejar de luchar, tómese un instante, respire profundo y recuerde, cualquier día es bueno para rendirse, así que ¿por qué hacerlo hoy? Cada día es único e irrepetible, ¿por qué no hacer de hoy el mejor día posible, disfrutando y aprovechando un día a la vez.

Espero estas líneas le sirvan para vivir con mejor calidad su vida, disfrutarla y alcanzar el éxito en sus propios términos. Lo invito a hacer de su vida algo de lo cual se sienta orgulloso y feliz cada día, le aseguro que habrá que trabajar y esforzarse, pero también le aseguro que la recompensa valdrá el esfuerzo.

www.ingramcontent.com/pod-product-compliance
Lightning Source LLC
Chambersburg PA
CBHW022009090426
42741CB00007B/948